多维视角下的
英语翻译理论探索

巩　雪　苏　瀛　著

东北大学出版社
·沈　阳·

图书在版编目(CIP)数据

多维视角下的英语翻译理论探索 / 巩雪, 苏瀛著.
沈阳 : 东北大学出版社, 2024. 12. -- ISBN 978-7
-5517-3723-4

Ⅰ. H315.9

中国国家版本馆 CIP 数据核字第 2024K7R853 号

出 版 者: 东北大学出版社
地址: 沈阳市和平区文化路三号巷 11 号
邮编: 110819
电话: 024-83683655(总编室)
024-83687331(营销部)
网址: http://press.neu.edu.cn
印 刷 者: 辽宁虎驰科技传媒有限公司
发 行 者: 东北大学出版社
幅面尺寸: 185 mm×260 mm
印 张: 8.25
字 数: 144 千字
出版时间: 2024 年 12 月第 1 版
印刷时间: 2025 年 1 月第 1 次印刷
责任编辑: 薛璐璐
责任校对: 项 阳
封面设计: 张田田 潘正一
责任出版: 初 茗

ISBN 978-7-5517-3723-4 定 价: 45.00 元

前　言

随着全球化的加速，国际交流日益频繁，英语翻译在各个领域中的作用逐渐凸显。传统的英语翻译往往侧重于语言层面的对等与转换，强调源语言与目标语言之间形式与内容的忠实。而在当今社会，翻译的功能与意义已经超越了单纯的语言转换，涉及文化、社会、心理等多重因素。从多个角度去审视和解析翻译过程，包括语言学视角、文化视角等，能够更加全面地理解翻译活动的本质。探索多维视角下的英语翻译理论，对翻译现象进行深入分析，揭示翻译过程中的复杂性与多样性，不仅有助于提升翻译质量，还能推动跨文化理解和交流。

本书从英语翻译理论概述入手，介绍了英语翻译的基本概念、标准和原则、技巧与方法，并对文化、语言学、生态视角下的英语翻译理论进行了讨论。希望通过本书的介绍，能够为读者在多维视角下的英语翻译理论研究提供参考和借鉴。

在撰写本书的过程中，得到了许多专家、学者的帮助和指导，参考了大量的相关学术文献，在此表示真诚的感谢。本书内容系统全面，论述条理清晰、深入浅出，力求论述翔实，但是由于著者水平有限，书中难免会有疏漏之处，希望广大读者及时指正。

著　者

2024 年 10 月

目　录

第一章　英语翻译理论概述

第一节　英语翻译的基本概念

一、英语翻译的定义与内涵

英语翻译是指用英语来表达另一种语言或用另一种语言表达英语的语言之间互相表达的活动。英语翻译的本质在于语际转换，即在充分理解源语言信息的基础上，将其转换为另一种语言，传递给目标受众。这一过程不仅涉及语言符号的转换，更蕴含着文化内涵的传递和审美价值的重构。因此，英语翻译定义的内容不应局限于语言层面，还应拓展至文化、美学等更广阔的领域。

作为传递信息的工具，翻译是人类交流和知识传播的重要媒介。通过翻译，不同语言使用者能够跨越语言障碍，实现思想和情感的共鸣。同时，翻译在文化交流中也发挥着不可替代的作用。它不仅能够促进不同文化之间的理解和包容，还能推动文明的交融和创新。此外，翻译还是语言借鉴和发展的重要途径。译者在翻译实践中，往往会借鉴源语言的表达方式、语法结构，进而丰富和发展目标语言。由此可见，英语翻译定义的内容应全面反映翻译的多元功能，彰显其独特价值。

英语翻译不是简单的词句对应，而是一个复杂的认知过程。它涉及理解、表达、修改等多个环节，需要译者在不同层面进行深入加工和创造性转换。具体而言，英语翻译过程可分为理解、表达和修改三个基本步骤。理解是翻译的基础，译者只有准确把握源语言文本内容，才能实现有效转换。在理解的基础上，译者还需根据目标语言的表达习惯和文化背景，灵活选择恰当的表达方式，准确传达源语言文本信息。翻译过程的最后一个步骤是修改，译者应反复审核译文，对照源语言文本进行必要的调整和优化，以确保译文的准确性、流畅性和可读性。英语翻译定义的内容应充分体现翻译操作的系统性和严谨性，为翻译实践提供科学指导。

按照翻译的内容，英语翻译可以涉及文学、科技、法律、商务等多个领域，不同领域的翻译其特色不同，对译者的知识储备和专业素养提出了更高要求。

除此之外，英语翻译的形式也日益多样化，口笔译、同传、交替传译等不同形式的翻译各有其特点，为不同场合的翻译需求提供了丰富选择。英语翻译定义的外延应充分反映翻译实践的多样性和包容性，体现翻译学科的开放性和前瞻性。

二、英语翻译的分类

（一）按翻译方向分类

基于翻译任务内容和翻译方向，就中英文而言，英语翻译大致可分为英译汉、汉译英两大类。英译汉是指将英语作为源语言，汉语作为目标语言的翻译活动。这一翻译方向在我国外语教学和对外交流中占据重要地位。通过英译汉，人们能够更好地理解英语国家的文化、历史、社会，吸收其优秀的思想和科技成果，促进中外文化交流。同时，英译汉是外语学习者提高语言水平、加深对英语的理解的重要手段。译者需要精通英汉两种语言，深入把握英语源语言文本的内涵，运用恰当的表达方式，将其准确、流畅、得体地转换为汉语。这对译者的语言功底、文化修养、逻辑思维等方面都提出了较高要求。

与英译汉相对，汉译英则是以汉语为源语言、英语为目标语言的翻译活动。在全球化时代，汉译英在传播中华文化、提升国家软实力中发挥着日益重要的作用。通过汉译英，向世界展示中华民族的璀璨文明，增进外国人对中国的了解和认同。同时，在政治、经济、外交等领域，准确、得体的汉译英也是我国与他国开展交流合作的重要基础。然而，由于中英两种语言在表达方式、语法结构、文化背景等方面存在较大差异，汉译英对译者提出了更高的要求。译者不仅要深刻理解汉语源语言文本的思想内涵，还要熟练运用英语，根据英语的表达习惯对源语言文本进行再创造，使译文符合英语读者的阅读期待。这就需要译者具备扎实的中英双语功底、广博的文化知识、敏锐的语言表达能力和跨文化交际意识。

（二）按翻译内容分类

第一，文学翻译。文学翻译是英语翻译中最具挑战性和艺术性的分支之一。文学作品蕴含着丰富的文化内涵、思想情感和语言艺术，译者不仅要忠实传达原作的内容，还要在目标语言中再现原作的艺术风格和审美特色。这就要求译者具备扎实的语言功底、广博的文化知识和敏锐的文学鉴赏力。在翻译过程中，译者需要充分理解作者的创作意图，揣摩人物性格，把握情节脉络，领会言外之意。同时，译者要巧妙处理词汇选择、句式结构、修辞手法等语言要素，力求在遵循目标语言表达习惯的基础上，最大限度地保留原作的韵味和个性。优秀的文学翻译不仅能够促进不同国家、民族间的文化交流，而且能丰富和发展目标语言文学，使其成为人类文明的瑰宝。

第二，科技翻译。随着科学技术的飞速发展，大量的科研成果、产品说明、技术资料需要在全球范围内共享和传播，这就对科技翻译提出了更高的要求。科技翻译的首要任务是准确传递科技信息，这就需要译者具备扎实的专业知识背景，熟悉相关学科的术语和表达方式。同时，科技翻译要求简明、严谨、逻辑清晰，避免歧义和误读。译者需要根据目标受众的特点，合理选择词汇和句式，必要时还需要添加注释或解释，确保读者能够准确理解源语言文本的内容。优秀的科技翻译不仅能够促进专业领域的国际交流与合作，更是科技进步和创新的重要推动力。

第三，商务翻译。随着全球化的深入发展，跨国公司、国际组织日益增多，商务往来日趋频繁，对高质量商务翻译的需求也与日俱增。商务翻译涉及范围广泛，包括合同协议、商业信函、产品手册、财务报告等多种文本类型。译者除了要具备扎实的语言能力，还需要熟悉商务活动的流程、规则和惯例，了解不同国家、地区的商业文化和谈判方式。商务翻译要求准确专业、言简意赅，同时要恰当地运用商务礼仪用语，体现出对客户的尊重。在处理一些敏感话题时，译者还需要有一定的商业智慧和谈判技巧，在不违背原则的基础上寻求利益的最大化。高质量的商务翻译能够帮助企业拓展海外市场，提升国际形象，在激烈的商业竞争中赢得先机。

第四，影视翻译。随着文化产业的蓬勃发展，越来越多的影视作品走向世界，对跨语言传播提出了新的要求。影视翻译主要包括字幕翻译、配音翻译方式。译者需要在短时间内完成大量的翻译工作，同时要考虑影视作品的艺术特点、文化背景、观众群体等因素。译文不仅要准确传达源语言文本内容，还要符合影视语言的表达习惯，做到语言生动、简洁、口语化。译者还需把握人物的个性化语言特点，适当处理文化专有项，必要时采取意译、省译等翻译策略。优秀的影视翻译能够增进不同国家、民族间的文化理解，丰富大众的精神文化生活。

三、英语翻译的基本功能与作用

（一）信息传递

英语翻译可以实现不同语言之间的信息传递和交流。在当今全球化背景下，英语已经成为世界通用语言，在国际交往中扮演着不可或缺的角色。因此，英语翻译在促进跨文化交流、推动知识传播方面发挥着越来越重要的作用。

从语言学角度来看，翻译的本质是对源语言信息的解码和对目标语言信息的编码。在这个过程中，译者需要准确把握源语言文本的意思，充分理解其背后的文化内涵，并运用恰当的表达方式将其转换为目标语言。优秀的英语翻译不仅能够忠实地再现源语言文本的内容，还能够传递源语言文本的语言风格和情感基调，做到信、达、雅的有机统一。这对译者的语言功底、文化素养和艺术修养都提出了很高要求。（“信”指意义不悖源语言文本，即是译文要准确，不偏离，不遗漏，也不要随意增减意思；“达”指不拘泥于源语言文本形式，译文通顺明白；“雅”则指译文时选用的词语要得体，追求文章本身的古雅，简明优雅）

从文化交流的视角来看，英语翻译是沟通中外文化的桥梁。通过翻译，能够了解异域文化的风土人情、历史传统、价值观念，拓宽认知视野，增进人文情怀。同时，翻译也是展示本国形象、传播本民族优秀文化的重要渠道。优秀的英语翻译作品能够向世界展示中华文明的独特魅力，增强中华文化的国际影响力。近年来，随着中华文化“走出去”战略的实施，英语翻译在传播中国声音、讲好中国故事方面的作用日益凸显。

从知识传播的角度来看，英语翻译是知识跨语言流动的重要载体。在科学技术日新月异的今天，及时了解国外前沿研究动态，借鉴吸收国外先进经验，对于我国科技创新和经济社会发展至关重要。而这些都离不开高质量的英语翻译。通过翻译国外优秀的科技文献、学术著作，能够及时获取最新的理论成果和实践经验，为我国相关领域的发展提供有力支撑。同时，也可以通过英语翻译向世界展示我国的科研成果，提升我国在国际学术界的话语权和影响力。

此外，英语翻译在推动文学艺术交流、促进教育国际化等方面也发挥着重要作用。通过英语翻译，能够欣赏到外国文学艺术的经典之作，感受不同民族的审美情趣和人文精神。莎士比亚、巴尔扎克、托尔斯泰等文学巨匠的作品之所以能够在中国家喻户晓，很大程度上得益于优秀的英语翻译。而中国文学走向世界，也需要借助英语翻译的力量。近年来，越来越多的中国当代作家的文学作品（如莫言的《生死疲劳》、余华的《活着》、刘慈欣的《三体》等）被翻译成英语，这无疑有利于提升中国文学的国际影响力。在教育领域，英语翻译为我国引进国外先进教育理念、借鉴国外优质教育资源提供了便利。通过翻译国外优秀教材、教学案例，我们能够更新教育教学理念，优化人才培养模式，提升教育现代化水平。

（二）文化交流

英语翻译在促进世界文明交流、消除文化壁垒、增进人类互信方面发挥着不可替代的作用。作为人类文化交流的桥梁，翻译是不同文明之间相互理解、相互欣赏、相互借鉴的重要途径。透过翻译的窗口，中国古代先贤的智慧结晶、西方现代文明的思想瑰宝得以跨越时空的界限，在世界范围内广泛传播，成为全人类共同的精神财富。英语作为使用范围最广、影响力最大的语言，其翻译活动更是在世界文化交流中占据重要地位。

英语翻译赋予了英语以世界性的地位，使英语成为国际交流的通用语言。英语翻译涉及面之广、影响之深远是其他语种难以比拟的。从政治、经济到文化、教育，从科学、技术到文学、艺术，英语翻译活动几乎渗透到人类社会生活的方方面面。英语译著无疑极大地丰富了全球知识宝库，为人类文明进步注入了源源不断的活力。同时，英语翻译为世界的多元文化发展创造了条件。在英语的传播过程中，不同民族的文化传统、价值观念、审美情趣得以交流碰撞、互鉴共荣，形成了多姿多彩、和而不同的世界文化生态。

英语翻译在促进国际交流合作、维护世界和平稳定方面也具有不可忽视的作用。语言的隔阂往往是引发误解和矛盾的根源之一。而英语翻译则搭建起了各国人民沟通理解的桥梁，有助于消除偏见、增进友谊、化解矛盾。例如，在重大国际会议、外交谈判中，高质量的同声传译不仅能够准确传达各方意图，还能营造良好的交流氛围，为达成共识、解决争端创造条件。再如，面对能源危机、气候变化等全球性挑战，英语翻译也为各国携手应对、共商对策提供了重要平台。

英语翻译推动构建人类命运共同体的伟大实践。语言沟通是民心相通的前提。英语翻译为增进各国人民的了解和友谊、促进文明交流互鉴发挥了独特作用，为推动构建人类命运共同体凝聚起强大的文化共识和道义力量。在新时代背景下，中国倡导构建人类命运共同体，致力于同世界各国携手打造美好未来。而要让构建人类命运共同体理念深入人心，英语翻译必不可少。因此，进一步加强英语翻译工作，讲好中国故事，传播好中国声音，对于增进国际社会对中国道路、中国智慧的认同具有重要意义。

（三）语言借鉴

通过翻译活动，不同语言之间得以相互交流、相互影响，从而推动语言的发展和进步。一方面，英语翻译为汉语引入了大量新词新语，丰富了汉语词汇。近代以来，随着西方科技文化的传入，大量外来词汇被转译成汉语，如“democracy”（民主）、“science”（科学）、“telephone”（电话）等，极大地拓展了汉语表达的广度和深度。这些新词新语的引入不仅填补了汉语词汇的空白，更成为中国人认识世界、改造世界的有力工具。另一方面，英语翻译也为英语输入了汉语特有的表达方式和文化内涵。许多富有中国特色的词汇通过翻译走向世界，如“kung fu”（功夫）、“taichi”（太极）等，成为英语的一部分。这些词汇的传播不仅展现了中华文化的独特魅力，也为英语注入了新的活力。

事实上，翻译活动对一个民族语言的形成和发展具有重要影响。通过对外来词汇和语法结构的借鉴吸收，一种语言能够不断完善自身，适应时代发展的需求。同时，语言在翻译的过程中走向世界，传播自身的文化内涵，实现与其他语言的平等对话。可以说，没有翻译，就没有语言的交流；没有交流，语言就失去了发展的源泉和动力。

然而，语言借鉴绝非简单地照搬照抄，而是一个复杂的选择、消化、创新的过程。译者需要深入了解不同语言的特点和规律，在遵循目标语言习惯的基础上，准确传达源语言文本的内容和风格。同时，译者应秉持文化自觉，在吸收借鉴外来语言文化时，坚守民族语言的特色，在学习交流中不断发展完善本民族的语言文化。只有坚持古为今用、洋为中用的原则，博采众长、兼收并蓄，才能真正实现语言的繁荣发展。

四、英语翻译的过程与步骤

（一）理解

英语翻译的理解涉及源语言信息的解码和目标语言信息的编码两个关键环

节。译者首先要准确理解源语言文本的字面意思，把握其中蕴含的概念、命题和逻辑关系。这需要译者具备扎实的语言基本功，熟悉源语言的词汇、语法、修辞等知识，同时要掌握必要的相关百科知识和文化背景知识，才能真正读懂源语言文本的字里行间。在此基础上，译者还要运用语用分析的方法，结合语境和交际目的，推断出言外之意，揣摩作者的写作意图，进而达到对源语言文本深层意义的准确理解。

理解只是翻译过程的起点，要形成优质的译文，还需要译者在理解的基础上进行再创造。这就要求译者在全面理解源语言文本的同时，充分考虑目标语言的表达习惯和文化传统，灵活运用各种翻译技巧和策略，在忠实源语言文本内容的前提下，创造出符合目标语言表达方式、易于目标语言读者理解和接受的译文。在这个再创造的过程中，译者需要发挥语言的创造性和艺术性，既要遵循翻译的基本原则（如忠实和通顺），又要追求译文的优美和生动，力求在形式和内容上达到相对的统一。可以说，优秀的译文是译者语言能力、文化修养、审美情趣和创造才能的综合体现。

需要指出的是，理解和表达虽然是英语翻译过程中相对独立的两个阶段，但它们之间并非完全割裂，而是相互渗透、相互促进的。一方面，对源语言文本的理解深度和准确性直接影响到译文的质量，理解得越透彻，越有利于译文的表达；另一方面，在表达的过程中，译者常常会对源语言文本有新的领悟和认识，并据此对前面的理解进行修正和完善。因此，理解和表达实际上是一个动态的、反复循环的过程，译者只有在两者之间不断往复，才能最终实现对源语言文本的全面理解和充分表达。

此外，英语翻译的理解过程还受到诸多主客观因素的影响。从主观因素来看，译者的语言能力、知识储备、思维方式、文化修养等都会对理解产生重要影响。语言能力是理解的基础，知识储备是理解的前提，思维方式是理解的途径，文化修养则是理解的保证。这就要求译者应不断加强语言实践，拓宽知识面，培养逻辑思维和创新意识，提高文化品位和鉴赏力。从客观因素来看，源语言文本本身的语言特点、文体风格、内容难度等也会对译者的理解产生不同程度的制约。面对不同类型的文本，译者要采取灵活多样的理解策略，充分利用各种辅助手段，克服理解障碍，力求达到全面准确的理解。例如，对于语言晦涩、结构复杂的文本，译者可以通过反复阅读、查阅工具书、研读背景资料等方式加深理解；对于隐喻频出、言辞幽默的文本，译者则要发挥想象力和联想能力，从弦外之音中寻找线索，揣摩作者的潜台词；对于涉及专业领域、前沿科技的文本，译者还需广泛涉猎相关知识，了解专业术语和表达惯例，才能准确地解读其内涵。

（二）表达

英语翻译的表达涉及译者对源语言文本的理解、目标语言文本的生成以及两种语言之间的转换。在这一过程中，译者需要充分调动语言知识、文化背景、思维能力等多方面素质，灵活运用各种翻译策略和技巧，才能准确、生动、得体地表达源语言文本的意义。

从认知心理学的角度来看，翻译的表达过程可以被视为一个问题解决的过程。面对源语言文本这一“问题”，译者首先需要对其进行深入分析和理解，明确其语义内容、语篇结构、语体风格等特征。在此基础上，译者要在头脑中建构起一个完整的概念表征，将分散的信息整合为一个有机的整体。这一概念表征不仅包括对源语言文本字面意义的把握，而且包括对源语言文本深层意义、文化内涵的领悟。可以说，准确而全面的理解是翻译表达的前提和基础。

在理解的基础上，翻译的表达过程还要求译者在母语中寻找与源语言表达相对等的语言形式，实现语义、语用等方面的对等转换。这一过程不是简单的词汇替换或句法重组，而是一个动态的选择和决策过程。译者需要在语义准确性和语言表达自然性之间寻求平衡，既要忠实于源语言文本的内容，又要符合目标语言的表达习惯。同时，译者要考虑目标语言读者的阅读期待和文化背景，采取相应的翻译策略（如归化、异化、增译、减译等），以达到最佳的交际效果。这就要求译者具有扎实的语言功底、广博的文化视野和敏锐的语言表达技巧。

此外，翻译表达还涉及译者的创造性思维和审美情趣。翻译不是机械的转码过程，而是一种创造性的语言实践活动。在翻译过程中，译者需要发挥想象力和创造力，在理解源语言文本的基础上，用自己的语言进行再创造，使译文既准确传达源语言文本内容，又具有独特的艺术魅力。优秀的译文不仅能够再现源语言文本的思想内容，而且能够在语言形式上达到与源语言文本相媲美的艺术效果，给读者以美的享受。这就要求译者不仅具有深厚的语言文学素养，还要有敏锐的审美眼光和鉴赏能力。

翻译表达的效果还取决于译者的文化修养和人文素养。语言是文化的载体，翻译实质上是一种跨文化交际行为。译者既要深入了解源语言国和目标语言国的历史文化，又要洞察两种语言背后的民族心理、思维方式、价值观念等，才能在翻译过程中准确把握文化内涵，恰当处理文化差异，有效传递文化信息。这就要求译者具有广博的知识面，深厚的文化底蕴，以及敏锐的文化洞察力和处理文化冲突的能力。译者还应该胸怀人文关怀，以开放、包容、平等的态度对待异质文化，维护人类文明的多样性，促进不同文化之间的交流与借鉴。

（三）修改

修改不仅能够提高译文的准确性和可读性，更能彰显译者对源语言文本的理解和诠释能力。修改过程实际上是译者对自己翻译成果的重新审视和思考，通过反复推敲、权衡，译者能够更加深入地把握源语言文本的内涵，找出初译稿中存在的问题，并加以完善和提升。

从语言层面来看，修改过程能够帮助译者优化译文的语言表达。通过仔细斟酌词汇、精炼语句，译者可以使译文更加流畅、地道，避免出现生硬、晦涩的表述。同时，修改能够提高译文的一致性，确保全文在术语、风格等方面保持统一。通过反复比对、校对，译者能够及时发现并纠正译文中的错误和疏漏，使译文更加严谨、规范。

从内容层面来看，修改过程有助于译者深化对源语言文本的理解和把握。在修改过程中，译者需要重新审视自己对源语言文本的理解是否准确、到位，是否准确地传达了原作者的意图。这种反复的思考和推敲能够促使译者对源语言文本进行更加细致入微的分析，发现初译时忽略的一些细节和隐含意义，从而更加全面、深入地领会源语言文本的精髓。

从文化层面来看，修改过程是译者进行文化调适的重要途径。不同语言背后往往蕴含着不同的文化内涵和价值观念，如何在翻译中恰如其分地处理这些文化差异，是对译者文化素养的重要考验。在修改过程中，译者需要反复权衡如何在忠实源语言文本的基础上，因地制宜地进行文化调适，使译文既能传达源语言文本的文化内涵，又能为目标语言读者所接受和理解。这种文化调适能力需要译者在修改实践中不断锤炼和提升。

此外，修改过程还是译者自我反思和提升的重要契机。通过对自己译文的反复检视和思考，译者能够更加清晰地认识到自己在翻译过程中的优势和不足，进而有针对性地改进和提高。这种自我反思和总结能够帮助译者不断积累经验、完善技能，在翻译实践中实现自我超越和提升。

第二节　英语翻译的标准和原则

一、英语翻译的准确性

（一）准确翻译的理解

英语翻译译文必须忠实地再现源语言文本的内容和风格，准确传达原作者的思想感情。这一点虽然看似简单，但在实践中却并非易事。

首先，译者需要对源语言有深入的理解，准确把握源语言文本的字面意义和言外之意。这不仅需要扎实的语言功底，更需要广博的知识积累和文化素养。译者只有跨越语言表面，洞悉文本深层，才能真正读懂源语言文本，为准确翻译奠定基础。

其次，译者还需要精通目标语言，熟悉其表达方式和语言习惯。母语使用者对语言的运用往往是自然而然的，但对非母语译者而言，要在翻译中达到地道、得体却非易事。这就要求译者应不断学习、积累，提高语感语义，做到信、达、雅统一。唯有如此，才能在忠实源语言文本的基础上，译出流畅、优美的译文。

最后，准确性还要求译者在翻译过程中，时刻保持高度的责任心和严谨态度。片刻的疏忽大意都可能导致译文偏离原意，甚至造成严重的误解。尤其是在翻译专业文献、法律条文等内容时，稍有差池就可能带来不良后果。因此，译者必须字斟句酌，反复推敲，力求准确无误地传达源语言文本含义。

当然，追求准确并不意味着拘泥于字面，生搬硬套。在某些情况下，过于刻板的直译反而会背离原意，造成误读。这就需要译者根据上下文语境灵活处理，采取意译、补译等策略，在忠实源语言文本内容的同时，兼顾译文的可读性和表现力。例如，英语中的习语、俗语往往无法直译，此时意译就成为上策。总之，准确性与灵活性相辅相成，相得益彰。

（二）影响英语翻译准确性的因素

影响英语翻译准确性的因素多种多样，既有语言内部因素，也有语言外部因素。从语言内部来看，词汇、语法、修辞等方面的差异都会对翻译的准确性产生影响。不同语言在词汇的含义、语法的结构、修辞的手法上存在巨大差异，这就要求译者必须深入理解源语言文本和译文语言的特点，才能实现准确的转换。例如，英语中存在大量多义词，如“run”一词就有“跑”“经营”“运转”等多种含义，译者需要根据语境准确把握其意思，才能作出恰当的翻译。再如，汉语常用意合法，英语多用形合法，这种语法结构上的差异就需要译者在翻译过程中灵活调整，既要忠实源语言文本，又要符合目标语言的表达习惯。

从语言外部来看，文化背景、思维方式、价值观念等因素也会影响翻译的准确性。语言是文化的载体，蕴含着丰富的文化内涵。不同文化在历史渊源、价值取向、审美情趣等方面存在差异，这些差异必然会反映在语言表达上。因此，翻译不仅是语言的转换，更是文化的交流与对话。译者需要充分了解源语言和目标语言所处的文化语境，才能准确传达源语言文本的文化内涵，避免文化误读。例如，“龙”在中国文化中是吉祥、尊贵的象征，而在西方文化中却常常被视为邪恶、危险的化身。如果译者对这种文化差异缺乏认识，就可能在翻译中出现偏差，甚至导致文化冲突。

此外，译者的主体性因素也会影响翻译的准确性。译者的语言功底、知识储备、文化修养等直接决定了其翻译能力和水平。一个优秀的译者不仅要精通源语言文本和译文语言，还要具备广博的知识和深厚的文化底蕴，能够敏锐地捕捉源语言文本的深层含义，并用准确、得体的语言表达出来。同时，译者的翻译目的、价值取向也会影响其翻译策略和选择。译者是翻译活动的主体，其主观能动性必然会体现在翻译过程中。因此，发挥译者的主体性作用，提升译者的综合素质，是提高翻译准确性的关键所在。

二、英语翻译的流畅性

（一）译文流畅性

英语译文在语言表达上要符合目标语言的语法规则、语言习惯和表达方式，做到语言流畅、自然，易于理解和接受。一篇通顺的译文能够让读者在阅读过程中感受到源语言文本的精神内涵，而不会因生涩、拗口的语言而影响阅读体验。

实现译文流畅性需要译者在深入理解源语言文本的基础上，灵活运用目标语言的语言特点和表达技巧。这要求译者不仅要具备扎实的语言功底，还要对两种语言的文化背景有深入的了解。只有在全面把握源语言文本内容和风格的前提下，才能在目标语言文本中准确传达源语言文本的思想感情，做到信、达、雅的统一。

具体来说，译文流畅性的实现途径包括：合理选词、巧妙造句、恰当使用修辞手法等。在选词方面，译者要根据语境选取准确、得体的词汇，避免使用生僻词、方言土语等有碍阅读的词汇。在造句方面，译者要遵循目标语言的语法规则和表达习惯，力求句式简洁、结构紧凑，避免出现病句、歧义句等影响理解的句子。在修辞方面，译者要恰如其分地运用比喻、排比、对偶等修辞手法，增强译文的表现力和感染力，同时，要注意与源语言文本在修辞格调上的一致性。

值得注意的是，追求译文流畅性并不意味着可以随意改变源语言文本的内容和风格。相反，译者要在忠实源语言文本的基础上，追求译文在语言表达上的流畅自然。这就要求译者在翻译过程中要不断权衡源语言文本内容与目标语言文本表达之间的关系，在二者之间寻求最佳平衡点。只有这样，才能既保证译文的准确性和忠实性，又兼顾译文的通顺性和美感。

此外，译文流畅性还与译文的文体特征密切相关。不同类型的文本（如科技文献、新闻报道、文学作品等），在语言风格上各有特点。译者要根据源语言文本的文体特征，在译文中采取相应的语言策略，方能做到目标语言文本在风格上与源语言文本相匹配。例如，在翻译科技文献时，译文要力求语言精准、简明，避免使用过于华丽、夸张的辞藻；而在翻译文学作品时，译文则要追求语言的优美、生动，充分展现原作的艺术魅力。

（二）译文地道性

译文在语言表达上应符合目标语言的表达习惯，读起来自然流畅，给人以原汁原味的感觉。译文地道性的实现需要译者深入了解目标语言的语言特点和文化内涵，掌握地道的表达方式和修辞手法。

实现译文地道性的首要前提是译者要具备扎实的目标语言功底。这不仅包括语法、词汇等语言知识，更要求译者对目标语言的语音、语调、语体等有深入的理解和把握。只有全面掌握目标语言的语言规律，译者才能在翻译过程中运用自如，将源语言文本的意义准确、地道地传达出来。同时，译者应该广泛阅读优秀的原创作品，学习和借鉴地道的表达方式，不断提升自己的语言表达能力。

译文地道性的实现还离不开对文化背景的深入理解。语言与文化密不可分，每一种语言都蕴含着独特的文化内涵。因此，翻译不仅是语言的转换，更是文化的传递。译者要充分考虑源语言文本所处的文化语境，了解其中蕴含的文化信息，在翻译时采取恰当的处理策略。对于文化负载词，译者可以采用直译加注释的方式，既保留了源语言文本的文化色彩，又便于目标语言读者理解；对于文化专有项，译者可以灵活运用音译、意译、解释性翻译等方法，使其在目标语言中得到恰如其分的再现。唯有如此，才能使译文达到文化层面的对等，避免文化误读和误传。

译文地道性还体现在对语域和语体的把握上。不同的文本类型有不同的语域特点，如科技文献注重客观、严谨，文学作品强调艺术表现和审美体验，而口语则强调口语化和生动的表达，译者必须准确把握源语言文本的文体特征，采用恰当的语言风格，实现功能对等。例如，在翻译文学作品时，译者应使用精炼的语言、生动的形象和各种修辞手法来再现原作的艺术魅力；在翻译口语对话时，译者应使用简洁、生动、地道的表达方式来传达源语言文本的口语风格。只有使语言场和语言风格相匹配，翻译才能实现与原作的风格对等

译文地道性的实现还有赖于译者的创造性发挥。翻译不是简单的语言转换，而是一个创造性的过程。译者需要在忠实源语言文本的基础上，结合目标语言的表达习惯进行灵活处理，使译文在保留源语言文本风貌的同时，具有鲜明的个性特色。这就要求译者发挥主观能动性，大胆创新，敢于打破常规，用新颖、生动的表达方式呈现源语言文本的内容。例如，对于源语言文本中的习语、谚语等，译者可以灵活采用目标语言中的对应表达，或者创造性地改写，使其更符合目标语言读者的阅读习惯。又如，对于源语言文本中的语言空缺，译者可以适当补充，使译文更加连贯、完整。译者唯有在创新中求发展，才能不断提升译文的地道性和艺术性。

（三）译文可读性

英语译文在语言表达上要流畅自然，符合目标语言的表达习惯，便于读者理解和接受。为了提高译文可读性，译者需要在翻译过程中注重以下几点。

首先，译者应深入了解源语言文本的内容和风格特点，准确把握原作者的写作意图和情感态度。只有在全面理解源语言文本的基础上，才能转换语言符号，再现源语言文本的思想内容和艺术魅力。同时，译者还要考虑目标语言读者的文化背景、认知水平等因素，选择恰当的表达方式，使目标语言文本更贴

近读者的阅读习惯和欣赏品位。

其次，译者应注重译文语言的流畅性和地道性。这就要求译文在词汇选择、句式结构等方面符合目标语言的表达规范。译者要克服母语负迁移的影响，避免生硬晦涩的字面翻译，力求用地道、优美的语言再现源语言文本内容。例如，在英译汉时，要注意使用较短的句子，避免长句套长句；在语序安排上，要符合汉语“主—谓—宾”的基本结构，避免英语式的倒装等。

再次，译者应注重译文的连贯性和逻辑性。这就要求译文在段落衔接、语义连接等方面自然顺畅，避免前后矛盾、逻辑混乱的现象。译者要善于运用连接词、指示词等语言手段，使译文在结构上紧密联系，在内容上前后呼应。同时，译者要注意上下文语境的连贯，使译文在整体上形成完整、统一的意义。

此外，译者还应关注译文的文体特色和语言风格。不同文体，如新闻报道、科技文献、文学作品等，在语言风格上各有特点。译者要在充分理解源语言文本风格的基础上，采用相应的翻译策略，再现源语言文本的文体特色。例如，在翻译文学作品时，译者要特别注重保留源语言文本的形象性、节奏感和情感基调，给读者以相似的审美体验。

最后，译者还应重视译文的文化适应性。语言与文化密不可分，翻译实质上是一种跨文化交际行为。译者要深入了解源语言和目标语言所承载的文化内涵，审慎对待涉及宗教信仰、价值观念、历史传统等方面的文化负载词，采取恰当的翻译方法，打破文化障碍，实现文化融通。例如，对于英语中的文化专有项，如“folklore”“ egghead”等，可以采用音译加注、意译等灵活处理，既忠实源语言文本，又照顾读者接受。

三、英语翻译的对等

（一）形式对等

译文应尽可能在形式上与源语言文本保持一致，以达到与源语言文本相似的表达效果。形式对等的追求源于对翻译忠实性的理解，即译文不仅要在内容上忠实于源语言文本，更要在形式上尽量贴近源语言文本，以传达原作者的写作意图和艺术风格。

在实践中，形式对等的实现需要译者在语言结构、修辞手法、句式安排等方面进行创造性转换。譬如，在英汉翻译中，英语习惯使用长句，句子成分复杂，层次分明；而汉语则多用短句，结构灵活，意义连贯。面对这种差异，译者需要在传达源语言文本信息的基础上，灵活调整语序、断句方式，甚至采用增译、省译等翻译技巧，力求译文在形式上与源语言文本相似，读起来自然流畅。

除了语言结构层面，形式对等还体现在语篇的宏观布局和体裁特征上。不同的语篇体裁（如诗歌、小说、演讲词等），往往具有独特的结构安排和表现手法。译者需要深入分析源语言文本的体裁特点，在译文中恰如其分地加以再现。以诗歌翻译为例，诗歌讲究韵律和节奏，常常运用比喻、夸张等修辞手法，译者除了要传达诗歌的意象和情感，还要考虑如何在目标语言中营造与原诗相似的音韵效果和艺术氛围。

需要指出的是，形式对等并非机械地对应，而是建立在译者对两种语言深刻理解的基础之上的创造性劳动。在某些情况下，过于追求形式对等可能会导致译文晦涩难懂，违背了翻译的基本目的。因此，形式对等的追求应当建立在传达源语言文本内容的基础之上，译者要在形式和内容之间寻求平衡，力求译文既忠实于源语言文本，又符合目标语言的表达习惯。

从发展趋势来看，随着翻译研究的深入，对形式对等的理解也在不断深化。一方面，形式对等的内涵不断拓展，从语言结构层面延伸到语篇、文化层面；另一方面，形式对等与其他翻译标准之间的关系也受到更多关注，如形式对等与语义对等、语用对等之间的平衡与协调。这些新的探索为翻译实践提供了更加全面、细致的指导，有助于提升翻译作品的整体质量。

（二）功能对等

译文应当与源语言文本在功能上相对应，即译文应当能够在目标语言环境中发挥与源语言文本在源语言环境中相同或相似的作用。从语言学的角度来看，功能对等不仅涉及语义层面的对应，更关乎语篇层面的互文关系。译者需要深入分析源语言文本的语篇功能，包括作者的写作意图、文本的交际目的、读者的接受心理等，并在翻译过程中充分考虑目标语言读者的文化背景、认知习惯和审美情趣，力求在功能层面实现动态对等。

以应用文写作为例，其语篇功能通常是传递信息、说明问题或表达情感，译者在翻译时就需要将这些功能准确地再现在译文中。如果源语言文本是一篇科普文章，旨在向大众传播科学知识，译文就应当采用通俗易懂的语言，避免使用过于专业或晦涩的术语，以便读者能够轻松地理解文章内容。又如，如果源语言文本是一份商业合同，其目的是明确双方的权利和义务，译文就必须准确无误地传达合同的法律效力，杜绝因表述不清或理解偏差而引发的纠纷。

值得注意的是，在某些情况下，直译策略可能无法实现功能对等，译者需要根据目标语言的表达习惯进行灵活处理。例如，汉语中常见的四字成语和古诗引用，如果直译成外语，往往会失去原有的韵味和内涵，甚至造成误解。此时，译者就需要采用意译、省译、增译等策略，或者用目标语言中的等值表达替代源语言文本的修辞手法，以达到功能上的对等。再如，英语学术论文中通常采用被动语态，以凸显客观性和科学性，而汉语学术论文则多用主动语态，突出作者的观点和见解。在翻译时，译者就需要根据目标语言学术写作的惯例对语态进行转换，而不是机械地对应源语言文本的表面形式。

此外，功能对等还要求译者关注语篇在不同文化语境中的接受效果。由于文化差异的存在，源语言文本在源语言文化中的交际功能未必能够直接移植到目标语言文化中。译者需要充当文化媒介，在尊重源语言文本内容的基础上，对可能引起目标语言读者误解或不适的内容进行必要的调整，使译文能够在跨文化交际中发挥预期的作用。如果将英语求职信直译成汉语，很可能会给中国的用人单位留下自负、浮夸的印象，影响求职者的形象。因此，在翻译求职信时，译者需要根据中国的文化习俗和用语规范，对自我表述的方式和内容进行适度调整，以达到有效沟通的目的。

（三）风格对等

所谓风格对等，是指译文在语言风格上与源语言文本保持一致，能够准确再现原作的语言特色和艺术魅力。风格是作者个人语言习惯和审美情趣的反映，体现了作品独特的艺术个性。因此，在翻译过程中，译者必须敏锐地捕捉源语言文本的风格特征，并运用恰当的语言手段在目标语言文本中加以再现。

实现风格对等需要译者具备深厚的文学修养和语言驾驭能力。首先，译者要全面把握原作的内容和思想，深入领会作者的写作意图和情感态度。只有对源语言文本有了透彻的理解，才能准确把握其风格特点。其次，译者还需要具备扎实的语言功底和丰富的表现手法。不同风格的作品在语言上有不同的要求，如古典风格讲究典雅、浪漫风格强调抒情、写实风格注重客观等。译者要根据原作风格，灵活运用词汇、句式和修辞等，在译文中营造与源语言文本相似的艺术氛围。

然而，追求风格对等并非简单地对源语言文本进行机械模仿，而是要在深入理解的基础上进行创造性转换。一方面，由于中英两种语言在表达习惯、修辞方式等方面存在差异，有些源语言文本中的语言现象在译文中难以找到完全对应的表达方式。另一方面，过分追求形式上的一致有时反而会损害译文的可读性和艺术感染力。因此，在处理风格问题时，译者要因地制宜、灵活变通，既要力求再现原作风貌，又要考虑译文的语言表现和读者接受习惯。

此外，在文学翻译中，风格对等还要服从于美学再创造的翻译原则。译者不仅要“信”于源语言文本，还要“达”于译文，力求产生与源语言文本相似的审美体验和艺术感受。这就要求译者发挥主观能动性，在忠实原作的基础上进行艺术加工和二度创作。通过灵活运用目标语言的表现手段，译者能够在译文中再现原作的意蕴和神韵，使其成为一部独立的艺术作品。

四、英语翻译的语境一致性

（一）源语言境与目标语言境的契合

从某种意义上说，翻译的过程就是在两种语言、两种文化之间寻求对等的过程。在这一过程中，译者必须敏锐地洞察源语言文本的语境，深入理解其内在的文化内涵，并在目标语言中寻找与之相契合的表达方式，力求在形式和内容上实现源语言境与目标语言境的对接。

语境作为一个语言学术语，具有丰富的内涵。它不仅包括语言交际的具体情景，如时间、地点、场合等，还涵盖了交际双方的身份、地位、文化背景、思维方式等诸多因素。因此，全面把握源语言文本语境是翻译的首要前提。译者需要跳出字词句的局限，从宏观视角审视源语言文本，分析其隐含的文化假设、价值取向、修辞策略等，揭示作者的写作意图和情感态度。只有对源语言文本语境有了透彻的理解，才能在译文中准确传达其精神实质。

然而，机械地复制源语言文本语境显然是不可取的。由于语言的差异性和文化的特殊性，许多语境要素在翻译中难以找到完全对等的表达。生搬硬套不仅会导致译文晦涩难懂，还可能造成文化误读。因此，译者还需要对目标语言的语境有深入的把握。这就要求译者充分考虑目标语言读者的文化背景、接受习惯、审美情趣等，在目标语言中寻找相对契合的语境，以一种目标语言读者熟悉和喜闻乐见的方式再现源语言文本的内容和风格。译者犹如一座桥梁，在忠实于源语言文本的基础上，实现不同语境间的沟通和对接。

语境契合的意义在于，它能够最大限度地消除语言转换过程中的文化隔阂和信息损失，提升译文的可读性、可接受性。译文若能自然融入目标语言环境，引起读者的情感共鸣，激发其深层思考，翻译的目的就得以实现。当然，寻求语境契合绝非易事，它对译者的语言功底、文化修养、创造力等提出了较高要求。译者需要在深入理解源语言文本的基础上，充分发挥主观能动性，创造性地寻找、营构与源语言文本语境相契合的表达。这是一个反复权衡、动态调整的过程，需要译者在忠实与创造、异化与归化之间寻求平衡。

（二）翻译中的语境分析

语境分析为译者全面理解源语言文本内容、把握作者意图提供了关键线索。通过对源语言文本语境的细致考察，译者能够准确领会语篇的语义内涵，了解词语使用的特殊语境，进而采取恰当的翻译策略，确保译文忠实地再现源语言文本的思想和风格。

具体而言，语境分析需要译者从语言内部和语言外部两个维度入手。在语言内部，译者要关注词汇选择、语法结构、修辞手法等语言要素，分析它们在特定语境中的含义和作用。例如，同一个词在不同语境中可能具有不同的意义，如英语单词“run”在“run a company”和“run a marathon”两个语境中分别表示“经营”和“参加”，译者需要根据具体语境确定恰当的翻译。又如，英语中的被动语态常用于强调动作的承受者，而汉语则多用主动语态。面对英语被动句，译者要根据语境分析判断是否需要调整语态，以符合汉语表达习惯。

在语言外部，译者需要考察源语言文本产生的社会文化背景、作者的创作意图、目标语言读者的接受能力等因素，从更宏观的视角把握语篇的整体意义。例如，在翻译文学作品时，译者要深入了解作品所反映的时代特征、作者的人生经历和艺术风格，这有助于更准确地理解作品的主题思想和情感基调，进而采取相应的翻译策略，最大限度地再现原作的艺术魅力。又如，在翻译科技文献时，译者要充分考虑目标语言读者的专业背景和知识水平，选择合适的术语和表达方式，确保译文准确、严谨、通俗易懂。

需要强调的是，语境分析不是孤立的、静态的，而是一个动态发展的过程。随着对源语言文本理解的不断深入，译者对语境的认识也会日趋全面和深刻。因此，语境分析不仅要贯穿翻译的全过程，而且要与其他翻译环节如源语言文本理解、译文表达等紧密结合、相互促进。译者只有全面考察语境、把握语篇的整体意义，才能在忠实源语言文本内容的基础上，灵活运用各种翻译技巧，最大限度地再现源语言文本的思想和艺术魅力。

翻译实践表明，语境分析是译者必备的基本功之一。那些翻译水平高超的译者无一不是语境分析的能手。他们善于透过语言表象发掘深层次的语义内涵，敏锐地洞察作者的创作意图和目的，准确地把握语篇的文体特征和艺术风格，从而为翻译实践提供可靠的依据。反观那些翻译质量不高的译文，其中相当一部分问题都源于译者语境分析能力的欠缺（如对源语言文本理解不够深入、对语境把握不够全面、对文化背景了解不够透彻等）。

（三）不同语境的翻译策略

语境可以理解为语言运用的环境，包括语言的使用者、交际目的、交际场合等因素。不同的语境对译者提出了不同的要求，译者必须根据具体语境灵活选择恰当的翻译策略，才能实现有效的跨语言交际。

在正式的语境中（如外交文件、法律条文等），翻译的首要原则是准确、严谨，避免产生歧义或误解。此时，直译策略往往是较好的选择。直译强调对源语言文本形式的忠实，力求在语义、句法、修辞等方面与源语言文本保持一致，从而最大限度地再现源语言文本的信息。例如，在翻译国际条约时，译者要严格遵循源语言文本表述，不能随意增减或改变内容，以确保条约各方对条款有一致的理解。

相比之下，在非正式语境中（如日常交流、文学作品等），翻译的重点是传达源语言文本的意义和风格，同时兼顾译文的可读性。这就要求译者采取更加灵活的意译策略。意译突破源语言文本形式的束缚，根据目标语言的表达习惯对源语言文本进行适当调整，力求译文自然流畅，易于接受。例如，在翻译幽默故事时，如果直译源语言文本的双关语或文化典故，可能会造成译文晦涩难懂。此时，译者可以用目标语言中的等效表达替代源语言文本的修辞手法，或者增加注释等副文本，帮助读者理解源语言文本的含义。

此外，在跨文化交际的语境中，译者还需要考虑文化差异对翻译的影响。不同文化在价值观念、思维方式、行为规范等方面存在差异，这些差异在语言中也有所体现。如果译者对源语言文化和目标语言文化缺乏足够的了解，就可能在翻译中产生文化误读，导致译文出现偏差或误导。因此，在处理涉及文化专有项、文化敏感词汇等内容时，译者要采取慎重的态度。视具体情况，译者可以选择异化策略，通过音译、直译、注释等手段保留源语言文本的文化特色；也可以选择归化策略，用目标语言文化中的对应物替代源语言文本的文化元素，减少阅读障碍。无论采取哪种策略，译者都要努力在忠实源语言文本与照顾目标语言读者之间寻求平衡，在文化传播与交流中发挥积极的桥梁作用。

五、英语翻译的读者导向性

（一）读者需求与期望考量

译者在翻译过程中，必须始终站在读者的角度，深入分析目标语言读者群体的知识背景、认知水平、阅读目的等因素，据此调整翻译策略和方法，以期达到最佳的翻译效果。

具体而言，译者首先应该对目标语言读者群体进行细分。不同的读者群体对翻译作品的需求和期望存在很大差异。例如，专业领域的读者可能更看重译文的专业性和准确性；而大众读者则可能更关注译文的可读性和趣味性。同时，不同年龄段、不同文化背景的读者在阅读习惯、审美情趣等方面也各不相同。因此，译者必须根据读者群体的特点，有的放矢地选择翻译策略。

其次，译者还应该把握读者的阅读目的。读者阅读译作的目的（如获取信息、学习知识、欣赏文学等）多种多样，不同的阅读目的对译文的要求也不尽相同。如果读者主要是为了获取信息，那么译文就应该力求准确、简洁；如果读者是为了欣赏原作的语言魅力，那么译文就应该尽量再现源语言文本的风格特色。译者只有明确了读者的阅读目的，才能做出恰当的选择，提供满足读者需求的译文。

再次，译者还要考虑读者的接受程度。由于文化背景、思维方式等因素的差异，不同读者对译作的接受程度也存在差异。有些读者可能对异域文化持开放包容的态度，乐于接受新奇的表达方式；而有些读者则可能比较保守，对陌生的语言文化存有抵触情绪。译者要充分尊重读者的接受心理，在归化与异化翻译策略之间寻求平衡，既要忠实源语言文本，又要照顾读者的阅读感受，降低阅读障碍。

最后，译者还应该注重读者的反馈。读者是翻译活动的最终目的，读者的反馈对译者至关重要。通过与读者的交流互动，译者可以及时了解读者的阅读体验，发现译作中存在的问题，并据此调整翻译策略。同时，读者的肯定和鼓励能激发译者的热情，促进其不断提升翻译水平。译者要虚心接纳读者的意见建议，与读者形成良性互动，共同推动翻译事业的发展。

（二）读者接受程度评估

译者必须深入分析目标语言读者群体的知识背景、阅读习惯、审美情趣等，据此预判其对译文的接受程度，并采取相应的翻译策略，以期达到最佳的翻译效果。

从认知角度来看，读者接受程度评估需要考虑目标语言读者对源语言文化的了解程度。如果读者对源语言国家的历史、地理、风俗习惯等缺乏基本的认知，译者就需要适当增加背景知识的介绍，避免因文化差异造成理解障碍。反之，如果目标语言读者对源语言文化有较为全面的了解，译文中过多的文化阐释反而会影响阅读的流畅性。因此，译者应根据目标语言读者的文化认知水平，权衡译文中文化因素处理的力度。

从语言角度来看，读者接受程度评估要求译者充分考虑目标语言的表达习惯。不同语言在语法结构、修辞手法、语体风格等方面存在显著差异。译者需要评估目标语言读者对这些语言特点的熟悉程度，进而采取恰当的翻译策略。例如，在英译汉的过程中，如果译文过于追求字与字的对应，往往会造成语言表达的生硬晦涩，难以为汉语读者所接受。相反，如果译者能够根据汉语的表达方式对源语言文本进行适度调整，就能使译文更加符合读者的阅读期待，从而提高译文的可接受性。

从功能角度来看，读者接受程度评估还需要考虑译文的使用场合和目的。不同类型的文本在翻译时面临不同的受众群体，承载不同的交际功能。译者必须评估读者对译文功能的期待值，据此确定翻译的总体策略。例如，在文学作品翻译中，读者往往期待译文能够再现原作的艺术魅力，传达作者的情感体验。因此，文学翻译需要更加注重译文的审美价值和艺术感染力；而在科技文献翻译中，读者更看重译文的信息准确性和专业性，译者就需要以忠实传递源语言文本信息为首要原则，适当牺牲语言的优美性。

此外，读者接受程度评估还要求译者关注译文的可读性。可读性不仅取决于译文的语言表达，还与版式设计、插图使用等因素密切相关。译者需要站在读者的角度，评估译文整体的视觉效果和阅读体验，力求达到最佳的可读性。例如，在儿童文学翻译中，译文可以适当增加插图，采用较大的字号和行间距，以提高儿童读者的阅读兴趣和理解能力。

第三节 英语翻译的技巧与方法

一、直译与意译

（一）直译的概念与特点

直译强调对源语言文本进行逐字逐句的忠实转换，力求在译文中再现源语言文本的内容和形式。直译的优点在于能够最大限度地保留源语言文本的风格特色和语言结构，使译文读起来仍然具有鲜明的异域风情。这对于翻译文学作品、法律文件等注重原汁原味的文本类型尤为重要。

然而，过度依赖直译也可能导致译文晦涩难懂，甚至出现语法错误和表达不通顺的问题。这是因为不同语言在语法结构、表达习惯等方面存在着显著差异，许多词语和句式无法在目标语言中找到对等的表达。比如，英语中常见的独立主格结构、非谓语动词等，就很难在汉语中直接对应。如果盲目套用直译，往往会造成译文“英式中文”的印象。

因此，在实际翻译过程中，译者需要根据语境灵活地选择直译与意译相结合的策略。对于语言结构相近、文化背景相似的语段，可以采用直译的方式，以保留源语言文本的形式美感。但遇到语法差异大、直译后难以理解的内容时，则应果断采用意译，转换语序、调整表达，甚至对源语言文本进行必要的增删补缀，以达到译文通顺、表意明确的目标。

（二）意译的概念与特点

意译是一种灵活多变的翻译方法，它不拘泥于源语言文本的字面意思，而是着重传达源语言文本的精神实质和情感内涵。与直译相比，意译更加注重语境和文化背景，力求使译文在目标语言中达到与源语言文本相近的表现力和艺术感染力。这种翻译方法要求译者深入理解源语言文本，准确把握作者的思想感情，然后运用目标语言的表达方式，生动、传神地再现源语言文本的内容和风格。

意译的一个突出特点是重意轻形。在翻译过程中，译者可以根据语境和文化差异，对源语言文本进行适当的增减、变通和重组，以更好地传达源语言文本的意义。这种灵活处理并非随意而为，而是建立在对源语言文本深刻理解的基础之上，旨在消除语言和文化障碍，使译文更加通顺、自然、贴切。例如，在翻译习语和谚语时，如果采用直译方法，往往会造成译文晦涩难懂，甚至产生误解。而意译则可以找到目标语言中与之相对应的表达方式，既准确传达源语言文本含义，又符合目标语言的表达习惯。

意译还有利于弥合不同语言之间的文化鸿沟。语言是文化的载体，每一种语言都蕴含着独特的文化内涵。在跨文化交流中，如果忽视语言背后的文化差异，就可能导致误译、漏译，甚至曲解源语言文本。意译要求译者具备深厚的文化素养和广博的知识，能够敏锐地捕捉源语言文本的文化特色，并在译文中予以充分体现。通过意译，译者可以在不同文化之间架起沟通的桥梁，促进不同民族之间的理解和交流。

二、归化翻译与异化翻译

（一）归化翻译的特点与应用

归化翻译是将外语文本转换为符合目标语言文化习俗、思维方式和表达习惯的翻译策略。它强调译文要适应目标语言读者的阅读心理和欣赏习惯，力求达到信、达、雅的标准。在归化翻译中，译者需要深入理解源语言文本的内容和风格，然后运用目标语言中恰当、自然的表达方式对其进行再现，使译文读起来像是用目标语言原创的作品。

归化翻译的一个突出特点是重视语言的交际功能和语用效果。它不拘泥于源语言文本表面的语言形式，而是着眼于语言在特定语境中的实际运用。为了达到预期的交际目的，译者可以对源语言文本进行适度的改写、删减或补充，使译文符合目标语言的表达习惯。例如，在英汉翻译中，英语习惯使用长句，句子成分之间的逻辑关系通过连接词表示；而汉语多使用短句，逻辑关系通常隐含在语境中。因此，在英译汉时，译者往往需要根据汉语的表达习惯，将英语的长句拆分为若干短句，使译文更加符合汉语的语言特点。

归化翻译还体现在对文化负载词的处理上。不同语言所承载的文化内涵存在差异，某些词汇所蕴含的文化意义难以直接对应。在这种情况下，词对词的直译往往无法准确传达源语言文本的意思，甚至会产生误解。运用归化策略，译者可以在目标语言中找到功能对等的表达，或者采用释义、注释等方式，帮助读者理解词汇背后的文化内涵。

需要指出的是，归化翻译并非一味迎合目标语言读者，而是力求在忠实源语言文本内容的基础上，最大限度地再现原作的艺术特色和审美情趣。这就要求译者不仅要精通源语言和目标语言，还要具备深厚的文学修养和文化素养，能够透过语言表象把握原作的深层意蕴，并在目标语言中找到恰如其分的表达方式。只有这样，才能真正实现跨语言、跨文化的交际，让不同文化背景的读者都能欣赏到原作的魅力。

在现实的翻译实践中，归化策略得到了广泛的运用。许多优秀的译作之所以能够在目标语言读者中产生积极的反响，很大程度上得益于译者在翻译过程中运用了归化策略，使译文符合目标语言读者的阅读期待，同时保留了原作的风貌。例如，严复翻译的《天演论》，巧妙地将达尔文进化论的思想与中国传统哲学相融合，运用了大量富有中国古典韵味的词汇和表达方式，赢得了广泛好评。

当然，在运用归化策略时，译者也要把握一个“度”的问题。过度归化有可能导致译文脱离原作的精神实质，使译文成为一种本土化的改写。因此，归化不是对源语言文本信息的随意更改和添加，而是在忠实原作内容的前提下，对语言形式进行符合目标语言表达习惯的调整。好的译文应该在形式和内容上都达到相对的统一，既符合目标语言的语言规范，又能传达原作的思想情感。这需要译者在对源语言和目标语言言有透彻理解的基础上，灵活运用各种翻译技巧，在“忠实”和“通顺”之间取得平衡。

（二）异化翻译的特点与应用

异化翻译是指在翻译过程中保留源语言文本的文化特色，尽可能地再现源语言文本的异域风情和民族特点，使目标语言读者能够感受到源语言文本的文化异质性。这种翻译策略强调对源语言文本文化的尊重和忠实，力求在译文中再现源语言文化的独特性，让读者领略不同文化的魅力。

与归化翻译追求译文的流畅性和易读性不同，异化翻译更注重源语言文本形式和内容的完整传达。在具体翻译实践中，译者会刻意保留源语言文本中的文化专有项，如人名、地名、机构名称等，不对其进行归化处理。同时，对于源语言文本中带有浓郁文化色彩的词语和表达，译者也会尽量采用直译的方式，力求保留其文化内涵。例如，在翻译中国古典诗词时，一些译者会选择直译的方式来处理诗词中的文化意象，如“烟雨江南”等，以期让读者感受到中国诗歌的意境之美。

异化翻译的优势在于，它能够最大限度地再现源语言文本的文化内涵，展现不同文化的独特魅力。通过异化处理，译文能够保留源语言文化的异质性，让读者在阅读过程中感受到不同文化之间的差异，从而加深对异域文化的理解和欣赏。这种翻译策略有助于促进不同文化之间的交流和互鉴，推动世界文化的多元发展。

此外，异化翻译对译者的素质要求也较高。译者不仅需要具备扎实的语言功底，还要对源语言文化有深入的了解和把握，能够敏锐地捕捉源语言文本中蕴含的文化信息，并在译文中予以恰当地再现。这就要求译者不断拓宽自身的文化视野，提升跨文化交际能力，以胜任异化翻译的挑战。

（三）归化与异化翻译的取舍原则

在英语翻译实践中，译者经常面临着如何在归化和异化策略之间作出取舍的难题。归化翻译强调目标语言的语言习惯和文化传统，力求译文易于目标语言读者接受和理解。而异化翻译则注重保留源语言文本的异域风格和文化特色，让目标语言读者感受到不同文化的独特魅力。两种翻译策略各有优势，但也都有其局限性。过度归化可能导致源语言文本内容和风格的损失，文化差异被抹平；而片面追求异化则可能使译文晦涩难懂，影响翻译的实际效果。因此，译者需要根据具体的翻译目的、文本类型、读者群体等因素，灵活选择归化和异化策略，在两者之间寻求平衡。

对于不同类型的英语文本，归化和异化策略的取舍应有所侧重。就文学作品而言，其艺术性和文化内涵是翻译的重点。为了再现原作的审美特征和异国情调，译者通常会采用异化为主、归化为辅的策略。通过保留源语言文本的意象、韵律、修辞等，译者能够最大限度地传达作品的艺术魅力。同时，适度的归化处理，如对一些晦涩难懂的文化专有项进行解释或替换，则有助于减少读者的理解障碍，拉近他们与作品的距离。相比之下，对实用文本（如说明书、合同等）翻译的首要目标是信息的准确传递。对这类文本，归化策略往往更为有效。通过遵循目标语言的表达习惯和行文逻辑，译者能够使译文更加通顺、易懂，从而实现信息传递的功能。

当然，无论是文学翻译还是实用文本翻译，都不能绝对化地套用归化或异化策略。即便是同一文本，在不同语境下也可能需要不同的处理方式。例如，在商务谈判中，交际双方的文化背景差异可能导致误解和冲突。此时，译者就需要根据具体情况，灵活调整归化和异化的比重，既要尽可能地传达原意，又要照顾听众的接受能力，避免因文化差异而产生不必要的障碍。再如，在影视字幕翻译中，由于时空限制，过于异化的处理可能会使观众来不及理解字幕内容，影响观影体验。因此，译者需要权衡异化程度，必要时采取归化策略，以保证字幕的可读性和观赏性。

除了考虑文本类型和交际语境，译者在归化和异化策略的取舍时，还应注重发挥自身的主体性。一方面，译者要深入研究源语言文本，准确把握其内容和风格特点，同时全面了解目标语言读者的文化背景和接受能力。在此基础上，译者可以根据自己的理解和判断，决定在不同语境下采取何种翻译策略，以期达到最佳的翻译效果。另一方面，译者还应该树立文化自信，在翻译中展现民族文化的独特魅力。通过创造性地运用异化策略，译者能够促进不同文化之间的交流互鉴，为民族文化的传播贡献力量。同时，译者可以在译文中适当加入自己的创造性解读，赋予作品新的生命力和时代意义。

三、对等翻译

（一）句法结构对等

对等翻译遵循语言普遍性原则，认为不同语言在深层结构上具有共性，因此可以通过对等翻译来还原源语言文本的句法形式。具体而言，句法结构对等翻译法要求译者在翻译过程中，严格遵循源语言文本的句子成分、语序、词性等句法要素，使译文在形式上与源语言文本保持一致。

然而，过度追求句法结构对等可能导致译文生涩难懂，违背了翻译的根本目的。语言的表层结构千差万别，囿于句法形式的对等，往往无法传达源语言文本的意义。因此，句法结构对等翻译法更适用于语法结构相近的语言之间（如英语和法语等）。对于汉语和英语这样在语法结构上差异巨大的语言，僵硬地遵循句法结构对等原则，反而会影响译文的可读性和表达效果。

事实上，即便是主张句法结构对等的学者，也并非完全否定语义和语用因素的作用。他们认为，在保证句法对等的前提下，译者应尽量在语义和语用层面上追求对等，实现形式与内容的统一。这就要求译者在翻译时，不仅要考虑源语言文本的句法结构，还要综合分析语境、文化背景等因素，灵活处理句法形式与意义表达之间的关系。

在实践中，句法结构对等翻译法的运用需要因时因地制宜。对于某些语法结构相对规整的文本，如法律条文、科技文献等，适度遵循句法对等原则有助于保证译文的准确性和专业性。而对于文学作品、演讲稿等语言风格鲜明的文本，过于拘泥于句法形式则可能削弱译文的艺术感染力。因此，译者应根据不同文本类型和翻译目的，灵活选择翻译策略，在形式对等与内容传达之间寻求平衡。

值得注意的是，随着语料库翻译研究的深入，句法结构对等翻译法的局限性日益凸显。通过对大规模双语语料的对比分析，研究者发现，即便是句法结构相近的语言，在实际翻译中也很少做到完全的句法对等。相反，译者往往会根据目标语言的表达习惯，对源语言文本的句法结构进行适度调整，以达到自然流畅的表达效果。这些发现表明，句法结构对等翻译法虽然有其理论价值，但在实践中应与其他翻译策略相结合，不能教条化、绝对化地运用。

（二）文体功能对等

对等翻译法是一种注重源语言文本和译文在语篇功能上对等的翻译方法。这种方法强调译者要根据源语言文本语篇的功能定位，选择合适的翻译策略，使译文在目标语言环境中发挥与源语言文本相似的交际功能。与句法结构对等翻译法不同，文体功能对等翻译法更加注重语篇的整体效果，力求在语篇功能层面实现对等。

具体而言，文体功能对等翻译法要求译者首先对源语言文本语篇的功能进行准确定位。语篇功能是指语篇在特定语境中所要达到的交际目的（如告知、说服、娱乐等）。不同功能的语篇在语言形式、结构布局、修辞手法等方面往往存在明显差异。因此，译者必须根据源语言文本语篇的功能特点，合理选择翻译策略。例如，对于新闻报道这类以客观告知为主要功能的语篇，译者应采用直译的方法，忠实再现源语言文本的信息内容；而对于小说、诗歌等文学作品，译者则需要在把握源语言文本内涵的基础上，适当发挥创造性，使译文在艺术表现力上与源语言文本相当。

在具体翻译过程中，译者要着眼于译文在目标语言环境中的接受效果。由于语言和文化的差异，源语言文本在源语言环境中的交际功能未必能够在目标语言环境中得到完全再现。译者需要充分考虑目标语言读者的阅读期待和文化背景，对源语言文本内容进行必要的调适，使译文能够在目标语言语境中自然、得体地发挥作用。这就要求译者不能拘泥于源语言文本表达形式，而应根据译文的功能定位，灵活处理译文的语言风格、语篇结构等要素。

此外，文体功能对等翻译法还强调译者应具备扎实的语言功底和广博的文化知识。译者不仅要精通源语言和目标语言，深入了解两种语言的表达习惯和用语规范，还需要熟悉不同文化的价值取向、审美情趣、思维方式等。只有这样，译者才能站在更高的文化视角，准确把握源语言文本的深层内涵，并在译文中准确地加以体现。同时，译者还应具有敏锐的语言表现力和文学鉴赏力，能够体味源语言文本的艺术魅力，并在译文中创造性地加以再现。

需要指出的是，文体功能对等翻译法并非要求译文在形式上与源语言文本完全一致。相反，这种方法允许译者在忠实源语言文本内容的前提下，对译文的表现形式进行灵活处理，以更好地适应目标语言语境。例如，在英汉翻译中，英语习惯使用长句和复杂句式，而汉语则偏爱短句和意合结构。面对这种差异，译者如果机械地句法结构对等翻译，往往会造成译文晦涩难懂。采用文体功能对等翻译法，译者可以在准确传达源语言文本信息的基础上，适当调整句式结构，使译文符合汉语表达习惯。

从理论层面看，文体功能对等翻译法植根于功能翻译理论和语篇分析理论。功能翻译理论强调翻译的目的性，认为译文的质量取决于其能否在目标语言环境中实现预期的交际功能。语篇分析理论则为翻译提供了新的视角，使译者意识到语篇是一个有机整体，翻译不能局限于字句层面的对等，而应着眼于语篇的整体效果。文体功能对等翻译法正是在吸收这两大理论精髓的基础上发展起来的，体现了当代翻译研究的前沿动向。

文体功能对等翻译兼顾形式和内容，注重整体效果的翻译，要求译者在准确理解源语言文本内容的基础上，根据语篇功能灵活选择翻译策略，力求在目标语言环境中再现源语言文本的交际功能。这对译者的语言能力、文化修养和创造力提出了较高要求。在实践中灵活运用文体功能对等翻译法，有助于提高翻译作品的质量，促进不同语言文化之间的交流与互鉴。

（三）语用对等

译文在语用层面上应当与源语言文本对等。语用学研究语言在具体语境中的使用，关注语言使用者如何根据语境选择恰当的语言形式来实现特定的交际目的。在翻译过程中，译者不仅要考虑源语言文本的语义内容，而且要关注源语言文本的语用功能，力求在目标语言中达到与源语言文本相同或相似的交际效果。

具体来说，语用对等包括语域对等、语气对等、语体对等等多个方面。语域对等要求译者充分考虑源语言文本所使用的语域，即语言的使用环境和场合，在译文中选择恰当的语域予以呈现。例如，正式场合使用的语言和日常口语在语域上存在明显差异，译者需要根据源语言文本语域特征做出相应调整。语气对等要求译者准确把握源语言文本的语气，即说话人的态度和情感，在译文中传达相同或相近的语气。这需要译者深入理解源语言文本，体会其中蕴含的情感色彩和态度倾向。语体对等要求译者充分考虑源语言文本的语体，即语言的表现形式和风格特点，恰当地在译文中加以再现。不同文体（如诗歌、散文、说明文等）在语言风格上差异显著，译者需要根据文体特点来调整翻译策略。

实现语用对等是一个复杂而艰巨的任务，它对译者的语言能力和文化修养提出了很高要求。译者不仅要精通源语言和目标语言，还要深入了解两种语言所承载的文化，熟悉两种语言的用语规范和交际惯例。唯有如此，译者才能在翻译中游刃有余地在源文本和目的文本之间周旋，找到语用对等的最佳结合点。同时，译者要具备敏锐的语言洞察力和语用意识，善于根据特定语境灵活运用不同的翻译技巧，在形式和内容上做到兼顾。

此外，语用对等原则的提出也对传统的翻译观念提出了挑战。传统观念往往过于强调形式对等，要求译文在语法、词汇等表层结构上与源语言文本保持一致。而语用对等原则则突破了这种局限，指出形式对等并不必然导致语用对等，有时反而会背离语用对等的要求。译者应当打破形式的束缚，以灵活多变的翻译策略来追求语用层面的对等。

需要指出的是，语用对等原则并非绝对和唯一的翻译标准。在实际翻译过程中，受制于语言和文化差异，语用对等有时难以完全实现。译者需要在语用对等和其他翻译标准之间权衡取舍，找到最佳的平衡点。例如，在文学翻译中，过度追求语用对等而忽视了源语言文本的形式美感，反而会大大削弱译文的艺术魅力。因此，语用对等原则的运用需要因地制宜、灵活机动，不能教条僵化。

第二章　文化视角下的英语翻译理论

第一节　文化对英语翻译的影响

一、文化背景对英语翻译理解的影响

（一）文化背景差异引起译文偏差

语言作为文化的载体，深深地打上了民族文化的烙印。不同国家、不同民族因地域、历史、宗教等因素的影响，形成了各具特色的文化传统和价值观念。这些文化背景的差异必然会在语言表达中有所体现，从而给英语翻译带来一定的困难和挑战。

在跨文化交际中，译者如果对源语言和目标语言所蕴含的文化内涵缺乏足够的认识和理解，就容易产生误译、漏译、过译等现象，导致译文偏离源语言文本的本意，甚至出现文化误读的问题。例如，在翻译含有文化专有项的语句时，如果直接采用字面翻译的方法，往往难以准确传达源语言文本的文化内涵。又如，在翻译蕴含文化隐喻的语句时，如果不了解隐喻背后的文化含义，就可能导致译文晦涩难懂，失去源语言文本的文学性和表现力。

为了克服文化背景差异对英语翻译的影响，译者首先要具备跨文化意识，深入了解源语言和目标语言所处的文化语境，掌握两种语言的文化特点和表达习惯。其次，译者要灵活运用各种翻译策略和技巧，根据不同的文本类型和翻译目的，采取恰当的处理方法。对于文化专有项，可以采用直译加注释、意译、归化等翻译方法；对于文化隐喻，可以采用释义、替换、省略等翻译技巧，力求在忠实源语言文本内容的同时，最大限度地再现源语言文本的文化内涵和艺术魅力。

此外，译者还应该积极拓宽文化视野，广泛涉猎不同国家、不同民族的文学作品、历史典籍、风俗习惯等，不断提升自身的文化素养和鉴赏能力。只有深谙不同文化的异同，才能在翻译实践中游刃有余地处理文化背景差异带来的种种难题，实现译文与源语言文本在语言、文化、思想等方面的对等转换。

（二）文化背景知识助力译文理解

译者只有深入了解源语言和目标语言所蕴含的文化内涵，才能真正把握源语言文本的精髓，实现译文与源语言文本在语义、语用、语体等方面的对等。这种文化背景知识不仅包括显性的历史、地理、政治、经济、文学等方面的知识，而且涵盖了隐性的价值观念、思维方式、审美情趣等深层次的文化因素。

译者文化背景知识的丰富程度直接影响着译文的质量。具备扎实的文化功底，译者能够敏锐地捕捉源语言文本中蕴藏的文化信息，洞悉作者的写作意图和情感倾向。这种洞察力使得译者能够在翻译过程中采取恰当的策略，灵活处理源语言文本中的文化负载词、文化专有项等富有民族特色的语言成分。同时，译者能根据目标语言读者的文化背景和接受习惯，对译文进行适当的调整和重构，使其更加贴近读者的认知方式和审美情趣。

反之，如果译者缺乏必要的文化背景知识，就难以全面理解源语言文本的内涵，容易产生误读、误译或不当的表达。这不仅会影响译文的准确性和可读性，而且会导致文化信息的流失或扭曲，甚至引发文化冲突和误解。因此，译者必须不断拓宽自己的知识视野，努力提升文化修养，才能真正胜任英语翻译工作。

具体而言，译者应该重点加强以下几个方面的文化背景知识学习：一是语言文字知识，深入了解英语和汉语的语音、词汇、语法、修辞等方面的异同，掌握两种语言的表达习惯和语体风格；二是历史文化知识，广泛涉猎英美国家的历史沿革、社会发展、政治经济、教育制度、风土人情等，理解其独特的民族性格和文化传统；三是文学艺术知识，熟悉英美文学的发展脉络、主要流派、代表作家及其创作风格，体味其中蕴含的审美情趣和人文精神；四是跨文化交际知识，把握中西方在价值取向、思维模式、行为准则等方面的差异，增强文化敏感性和包容性，培养跨文化交际能力。

二、文化差异与英语翻译等值

（一）文化差异对英语翻译的影响

不同文化背景下，人们的思维方式、价值观念、审美情趣等方面存在明显差异，这些差异必然会反映在语言表达和理解中。如果译者忽视文化差异，照搬照译，就可能导致译文晦涩难懂，甚至出现文化误读。因此，在英语翻译实践中，译者必须具备敏锐的文化意识和深厚的文化素养，能够准确把握源语言和目标语言所蕴含的文化内涵，在忠实传达源语言文本信息的同时，又能适当调整表达方式，使译文符合目标语言读者的文化习惯和接受心理。只有这样，才能真正实现跨文化交流，促进不同文化之间的相互理解和包容。

从词汇层面来看，文化差异对英语词汇的翻译影响尤为明显。不同文化背景下，同一事物可能被赋予完全不同的文化内涵和情感色彩。（例如，“dragon”一词在西方文化中往往象征邪恶和凶残，而在中国文化中却代表吉祥和尊贵。再如，“red”在中国文化中象征喜庆、吉利，而在西方文化中则常与危险、暴力联系在一起。）如果译者对这些词汇所承载的文化内涵缺乏了解，就可能做出不恰当的翻译，引起文化误读。此外，一些文化专有词，如“kung fu”，“dumpling”等，在翻译时也需要慎重对待，既要力求表达准确，又要尽可能保留其独特的文化内涵。

从句子层面来看，英语和汉语在语法结构、表达习惯等方面存在显著差异，这也与两种语言所依托的文化密不可分。英语强调主语的重要性，体现了西方文化注重个体、崇尚理性的特点；而汉语强调客观事物的状态和变化，反映了中国文化重视整体、强调和谐的价值取向。在翻译过程中，如果照搬源语言文本语法结构，就可能造成译文晦涩拗口，违背目标语言表达习惯。因此，译者需要在充分理解源语言文本的基础上，灵活调整语序，增删一些语法成分，使译文符合目标语言的表达方式。同时，译者要注意一些习语、谚语等的处理，它们往往凝结了一个民族的文化智慧，需要因地制宜地采取异化或归化的翻译策略。

从语篇层面来看，英语和汉语在语篇衔接、逻辑结构等方面也有明显不同。英语语篇注重形合，讲究结构的完整性和逻辑性，常用连接词、指示词等显性手段来实现衔接；而汉语语篇注重意合，强调语境和读者的领悟，常采用隐性手段来实现衔接。在翻译中，译者需要结合上下文，灵活处理语篇层面的文化差异。例如，在翻译一些文学作品时，译者不仅要准确传达源语言文本的意义，还要尽可能再现原作的艺术风格和美学特征。这就要求译者既要有扎实的语言功底，又要有深厚的文学修养和文化素养。

（二）英语翻译中的等值策略

英语翻译中的等值包含了语义、语用、语体等多个层面。追求译文与源语言文本的等值，是每一名译者的责任和追求。然而，由于语言之间存在着巨大的差异，绝对的等值往往难以实现。因此，译者需要根据具体的翻译目的和读者群体，采取灵活的翻译策略，在不同层面上实现相对的等值。

语义等值是翻译追求的基本目标。它要求译文在概念内涵和外延上与源语言文本保持一致，忠实地再现源语言文本的信息内容。为了实现语义等值，译者需要全面把握源语言文本的字面意义和隐含意义，对源语言文本进行深入的文本分析。同时，译者还需要考虑目标语言的表达习惯，选择恰当的词汇和语法结构，以准确、地道的语言传递源语言文本的信息。例如，在翻译“The spirit is willing, but the flesh is weak.”这句谚语时，译者需要既考虑字面意思，又要体现其隐喻义，可以翻译为“心有余而力不足”，而不是直译为“精神愿意，但肉体软弱”。

语用等值关注译文在目标语言环境中的交际效果。它要求译文不仅语义正确，而且要符合目标语言读者的文化背景、思维方式和接受能力。实现语用等值，需要译者深入了解源语言和目标语言的文化差异，对源语言文本的文化内涵进行必要的阐释和调适。例如，在翻译“as timid as a rabbit”这个英语习语时，如果直译为“像兔子一样胆小”，中国读者可能会感到困惑，因为在中国文化中，兔子并不象征胆怯。此时，译者可以采用相似的比喻意象，翻译为“胆小如鼠”，以达到与源语言文本相近的修辞效果。

语体等值强调译文在风格、语域、语义色彩等方面与源语言文本相匹配。不同文体有不同的语言特征，如正式文体庄重严谨，口语文体简洁生动。译者需要根据源语言文本的语体特点，在目标语言中选择相应的表达方式，再现源语言文本的语言风貌。例如，在翻译一篇学术论文时，译者应使用正式、准确的学术语言；而在翻译一部幽默小说时，则应采用口语化、富于表现力的语言。又如，英语中的“sloppy”一词带有明显的贬义色彩，表示“邋遢的，马虎的”。在翻译时，就不能使用中性色彩的“随便的”来对应，而应选择“马马虎虎”等同样带有贬义色彩的表达。

此外，在追求译文等值的过程中，译者还需要兼顾翻译的经济性原则，力求在有限的篇幅内最大限度地体现源语言文本的内容和风格。这就要求译者一方面要有扎实的语言功底，能够准确把握词汇和句式的意蕴；另一方面要有娴熟的语言表达技巧，能够在遵循目标语言表达习惯的同时，最大限度地保留源语言文本的形式特征。

三、文化隐喻与英语翻译的处理方法

（一）源语言文化隐喻识别

源语言文化隐喻的识别对于理解和传递源语言文本作者的意图、思想和情感至关重要。作为跨文化交流的桥梁，译者需要深入挖掘源语言文本中蕴含的隐喻意义，准确把握其背后的文化内涵，才能实现对源语言文本信息的完整传递。

文化隐喻体现了一个民族独特的认知方式和价值观念。它们往往根植于源语言国家的历史传统、风俗习惯、宗教信仰等，凝结了人们长期以来的生活经验和智慧结晶。如果译者忽视这些差异，就可能导致文化误读，甚至引起不必要的误会和冲突。

源语言文化隐喻识别的首要任务是提高文化意识，深入了解源语言国家的社会历史和人文背景。译者要广泛阅读源语言国家的文学作品、新闻报道、社会评论等，积累相关的文化知识，培养敏锐的洞察力和判断力。同时，译者要注重对比分析，找出源语言和目标语言在隐喻运用上的异同，挖掘其中蕴藏的文化差异。比如，在翻译含有“手臂”隐喻的英语短语“the long arm of the law”时，如果直译为“法律的长臂”，就难以揭示其“法律无所不及”的隐含意义。

在识别源语言文化隐喻的过程中，语境分析也不容忽视。隐喻的意义往往需要放在特定的语境中去理解，脱离了具体语境，就可能产生误读。比如，在翻译“He is a snake in the grass.”这句话时，如果孤立地看“snake”这个词，可能会将其理解为“蛇”的字面意思。但是，如果联系上下文，就不难发现这里的“snake”实际上是用来比喻“阴险奸诈的小人”的。可见，语境在源语言文化隐喻识别中起着至关重要的作用。

此外，运用语料库技术辅助文化隐喻的识别也是一种行之有效的方法。通过对源语言文本进行大规模的语料分析，译者可以发现一些常见的隐喻表达方式和使用模式，进而总结出某些规律性的认知模型。这些认知模型可以帮助译者更加准确、全面地把握源语言文化隐喻的内涵，提高翻译的效率和质量。同时，语料库可以为译者提供丰富的例证和参考，帮助其在实际翻译中找到合适的对应表达。

（二）目标语言文化隐喻重构

在英语翻译过程中，译者需要充分考虑目标语言读者的文化背景，对源语言中的文化隐喻进行适当的转换和重构，以确保译文在目标语言文化中的可接受性和可理解性。这一过程不仅需要译者深入理解源语言文化隐喻的内涵，而且需要其充分把握目标语言文化的特点，灵活运用各种翻译策略，实现文化隐喻的跨语际传递。

从认知语言学的角度来看，隐喻并非仅仅是一种修辞手段，而是人类认知的基本方式。每个语言共同体在长期的历史发展中形成了独特的概念隐喻系统，这些概念隐喻深深植根于该语言共同体的文化土壤之中。因此，英语中的文化隐喻常常反映了英语国家特有的价值观念、思维方式和行为模式。如果译者对这些文化隐喻缺乏足够的认识和敏感性，就可能在翻译过程中产生偏差，导致译文在目标语言文化中无法被准确理解和接受。

以英语中的“Time is money”这一隐喻为例。这一隐喻反映了西方文化中“时间就是金钱”的观念，突出了时间的宝贵性和高效利用时间的重要性。然而，在一些非西方文化中，时间观念与西方文化存在很大差异。如果译者直接将这一隐喻逐字翻译到目标语言中，很可能使目标语言读者感到困惑和不适。此时，译者就需要采取一定的翻译策略，对这一隐喻进行重构。譬如，译者可以根据目标语言文化的时间观念，选择一个恰当的目标语言表达，如“光阴似箭”“时不我待”等，既能传达出源语言隐喻的核心内涵，又能使译文符合目标语言文化的表达习惯。

除了对源语言隐喻进行替换和改写之外，译者在重构文化隐喻时还可以采用增译、减译、阐释等多种翻译策略。这些策略的运用需要译者具有较高的跨文化交际能力和语言应变能力。译者要在尊重源语言文化的基础上，充分考虑目标语言读者的接受能力和欣赏习惯，对文化隐喻进行灵活处理。在某些情况下，译者还需要为目标语言读者提供必要的背景知识和文化信息，帮助其跨越文化障碍，准确理解译文的内涵。

（三）文化隐喻翻译策略的选择

隐喻作为一种语言学现象，深深植根于特定文化的历史积淀和价值观念之中。不同文化之间隐喻使用的差异，使得译者在翻译过程中需要付出更多努力，方能准确把握隐喻内涵，找到最佳的表达方式。

文化隐喻翻译策略的选择需要综合考虑多方因素。首先，译者要深入分析隐喻在源语言文化中的内涵和功能，把握其文化特色和情感色彩。只有充分理解了隐喻的文化内涵，才能在目标语言中找到相应的表达。其次，译者需要考虑目标语言读者的文化背景和接受能力。不同文化的读者对隐喻的理解和欣赏差异巨大，译者要在忠实源语言文本和迎合读者之间寻求平衡。再者，隐喻翻译还要兼顾语篇的连贯性和译文的可读性。隐喻并非孤立存在，而是与语篇环境紧密相连。脱离语境机械性地逐字翻译，往往会导致译文晦涩难懂，失去隐喻的生动性和表现力。

具体来说，译者可以灵活采用以下几种策略处理文化隐喻。一是保留策略，对于形象生动、易于理解的隐喻，可以在目标语言中保留原有表达，让读者直接感受异域文化的魅力。如将“Love is a journey”直译为“爱情是一段旅程”，形象地比喻了恋爱的历程。对于这类隐喻，直译更能传达原作的意蕴。二是替换策略，当源语言隐喻映射的意象在目标语言文化中不存在或者难以理解时，译者可以用目标语言中的对等隐喻或者习语替换，以达到相同的修辞效果。如将“He is a snake in the grass”替换翻译为“他是一只披着羊皮的狼”，用中国文化中耳熟能详的表达替代，形象地描绘了一个奸诈狡猾的人。替换策略在传达隐喻内涵的同时，更加契合目标语言读者的文化习惯。三是解释策略。对于内涵复杂、难以找到对应表达的隐喻，译者可以采取解释的方法，在字面意义翻译的基础上添加注释，解释隐喻的引申义和文化内涵。如在翻译“He was a Babe Ruth of salesmen”时，可以加注说明 Babe Ruth 是著名的美国棒球运动员，借他的名字来形容一名推销员非常出色。解释策略有助于读者全面领会隐喻的言外之意。四是删除策略。少数情况下，如果源语言文本中的隐喻过于晦涩难懂，翻译后会对读者造成不必要的理解负担，译者可以考虑删除这些隐喻，直接表达句子的字面意义。这种做法虽然牺牲了部分修辞效果，但能够保证译文的流畅和可读性。

除却选择恰当的翻译策略以外，译者还需不断提升自身的跨文化意识和传播能力。译者要广泛涉猎中外文化知识，熟悉不同文化的价值观念和审美情趣，在翻译实践中积极思考、勇于创新。此外，译者还要注意与目标语言读者进行沟通和互动，通过适当的方式帮助读者理解、欣赏源语言文化，搭建不同文化之间交流的桥梁。

四、文化语境在英语翻译中的重要性

（一）语境对英语词汇翻译的影响

同一个英语单词在不同的语境下可能具有截然不同的含义，如果不考虑语境因素，就很容易产生词义偏差甚至错误。譬如，英语单词“run”作为动词时，其基本义为“跑”，但在不同语境中却可以引申出多种意义。当我们说“The train runs from Beijing to Shanghai”时，“run”应译为“行驶”；而“run a risk”中的“run”则表示“冒（风险）”，“run a company”中的“run”的意思是“经营（公司）”。再如，英语单词“champion”一般指“冠军”，但用作动词时在不同语境下有“支持”“拥护”之意，如“She champions the cause of refugees”（她支持难民事业）。

语境对词义的影响主要体现在以下几个方面。其一，语境能够帮助澄清词义，排除句中某个词的其他可能意义。如句子“He was in tears”中的“tears”，结合上下文语境，可以判断指“眼泪”而非“撕裂”。其二，语境为词语在具体场合下的意义提供线索。英语单词的意义往往随语境而变化，“hand”一词的基本义是“手”，但在“the hands of a clock”中应译为“时针和分针”，在“all hands on deck”中意为“全体船员”。其三，语境有助于判断词语的感情色彩，从而选取恰当的译文。“smell”一词本义为“闻”“嗅”，但在不同语境下可以带有褒义或贬义，如“smell a trick”意为“察觉到诡计”，就带有贬义色彩，此时不宜将“smell”译为中性的“闻”或“嗅”。

此外，在英语词汇翻译中，还要特别注意习语和文化负载词。英语习语具有整体意义，脱离语境单纯对词语进行对应翻译，往往会产生误解。如习语“the ball is in your court”并非指“球在你的球场”，而是“轮到你来做决定了”。再如，“couch potato”的意思不是“沙发土豆”，而是形容“终日坐在沙发上看电视的懒人”。对于文化负载词，如果忽视文化语境，就容易造成文化误读。英文单词在中西方文化中具有不同的内涵，因此，在翻译“龙”时要根据不同的文化语境采取不同的策略。

翻译要忠实地再现源语言文本的内容和风格，但决不能做简单的词对词、句对句的置换。譬如英语中表示类别的词语，如“kind”“type”“sort”等，通常不必译出；而汉语中表示数量的“个”“只”等，在英译时一般要省略。由此可见，脱离语境对词语进行孤立翻译，是难以准确传达源语言文本意图的。恰当地把握语境，才能做到信、达、雅的翻译。

正如翻译理论家尤金·奈达所言，翻译的对等并非语言形式的对等，而是语境意义和功能的对等。语言的意义依赖于语境，词语只有在特定的语境中才能确定下来。英语词汇的语境包括上下文语境、情景语境和文化语境，译者必须从多角度去把握词语的语境意义，在动态的语境中选择最恰当的表达方式。只有充分考虑语境因素对词义的影响，才能真正实现英语翻译的忠实、通顺和得体，使译文准确地再现源语言文本的内容和风格。在跨文化交际日益频繁的今天，研究语境对英语翻译的影响，对于提高翻译质量、促进中外文化交流具有重要意义。

（二）语境对英语句子翻译的影响

句子作为语言的基本单位，其意义往往需要结合特定的语境才能得到准确理解。脱离语境的句子翻译容易导致误译、漏译，甚至完全曲解源语言文本意图。因此，译者必须高度重视语境因素，深入分析语境与句子意义的关系，才能实现句子层面的翻译对等。

从微观语境来看，词语和短语的语义往往随语境而变。同一个词在不同的句子中可能具有完全不同的意义。如果译者执着于词的字面意思而忽视语境，就难以准确传达句子的真正含义。因此，在翻译过程中，译者要透过句子表层，分析词语与上下文语境的关系，灵活处理词义，才能确保译文的准确性。

从宏观语境来看，句子的理解和翻译还需要考虑更大范围的语篇背景。一个句子的意义往往与前后文紧密相关，脱离语篇环境就可能引起误读。例如，英语中的代词指代常常需要追溯前文，方能确定其具体所指。又如，一些连接词如“however”“therefore”等，其语义关系需要结合上下文才能把握。译者如果孤立地看待每个句子，不注意分析语篇脉络，就容易出现断章取义的问题，影响译文的连贯性和准确性。

此外，翻译还需要关注句子所处的文化语境。不同文化背景下，同一句话可能具有不同的言外之意和内涵。例如，英语中的“How are you”一般只是寒暄语，并非真的询问对方状况，而在某些文化中，类似的问候语可能就是发自内心的关切。又如，“Break a leg”直译为“折断一条腿”，但在英语文化语境中却是剧场中表示“祝好运”的习语。译者需要充分了解源语言文化，体察句子的文化内涵，在翻译时适当做出调整，才能避免因文化差异导致的误译。

（三）语境对英语语篇翻译的影响

语篇翻译是一个复杂的过程，不仅要考虑词汇、语法等语言要素，更要关注语境对语篇意义的塑造。语境犹如一张无形的网，将语篇的各个部分连接起来，赋予其特定的意义。译者只有准确把握语境，才能真正理解语篇的深层内涵，实现对等的跨语言转换。

从宏观层面来看，文化语境对英语语篇翻译具有决定性影响。每个语篇都深深植根于特定的文化土壤之中，蕴含着独特的价值观念、思维方式和审美情趣。译者需要跨越文化的鸿沟，在不同文化语境之间架起沟通的桥梁。这就要求译者不仅要精通英汉两种语言，还要深入了解英语国家文化的历史渊源、社会现状和发展趋势。唯有如此，译者才能准确把握语篇的文化内涵，找到恰当的表达方式，使译文合乎目标语言文化的表达习惯和接受心理，成功实现跨文化交际。

从微观层面来看，情景语境对英语语篇翻译的影响也不容忽视。情景语境包括语篇产生的时间、地点、场合、目的等因素，直接影响着语篇的语义解读和语用功能实现。译者需要全面分析语篇的情景语境，把握说话人的身份、地位、态度、情感等要素，推断言语行为的目的和效果，才能在译文中准确再现源语言文本的交际意图。同时，译者还要考虑目标语言读者的阅读期待和接受能力，根据译文发表的时空环境、传播媒介等因素，对源语言文本的内容进行适当调整，以达到预期的交际效果。

此外，上下文语境在英语语篇翻译中也发挥着关键作用。上下文是指语篇中前后相关的语言片段，对理解当前语句的意义至关重要。英语语篇往往采用照应、替代、连接等手段，在语篇的不同部分之间建立起紧密的逻辑联系。译者需要仔细分析语篇的衔接手段，把握上下文线索，才能准确理解局部语义与整体语义的关系，揭示语篇的连贯性和一致性。同时，译者还要在译文中恰当运用目标语言的衔接手段，使译文在结构上环环相扣，在内容上前后呼应，形成完整、连贯的语义网络。

五、文化认同对英语翻译的影响

（一）文化认同差异对英语翻译的影响

文化认同是指个体对特定文化群体的归属感和认同感，它塑造了个体的价值观念、思维方式和行为模式。当译者和读者的文化认同存在差异时，他们对源语言文本的理解和诠释往往大相径庭，导致翻译过程中的误读、误译，甚至是有意地改写和操纵。

从语言层面来看，不同文化群体对词汇、句式的使用习惯和语用规则有着显著差异。例如，英语使用被动语态的频率远高于汉语。译者如果对这些差异缺乏敏感性和认识，就容易在翻译中生搬硬套，造成语言表达的不自然和歧义。

从文化语义层面来看，同一概念在不同文化中的内涵和外延常常不尽相同。如果译者对这种文化语义的差异缺乏全面认知，就难以准确传达源语言文本的文化内涵，甚至可能造成文化误读。著名翻译理论家尤金·奈达指出，最理想的译文应能在读者中引发与源语言文本在源语言文本读者中相同或相似的反应。然而，当译者和读者的文化认同差异巨大时，这种“等值”的追求往往难以实现。译者的文化认同决定了其主体性的发挥，他们可能根据自身的文化立场和价值判断，有意识或无意识地选择、过滤源语言文本信息，进行增译、删译、改译等主观性操作。这在涉及意识形态、宗教信仰等敏感内容的翻译中尤为常见。同时，目标语言读者的文化认同影响着其对译文的接受和解读。不同文化背景的读者对同一译文的理解可能大相径庭，甚至出现完全相反的读解。因此，忽视译者和读者文化认同的差异，就难以真正实现跨文化交际的目的。

此外，文化认同差异还影响着译者对翻译策略的选择。译者可以采取异化或者归化的翻译策略，即要么尽量保留源语言文本的文化特色，要么迎合目标语言读者的文化期待。前者强调源语言文本文化身份的彰显，后者强调译文的可接受性。译者在两种策略之间的权衡，很大程度上取决于其自身的文化认同。例如，一些民族主义倾向的译者可能更倾向于采取异化策略，力求展现本民族文化的独特魅力；而一些具有全球意识的译者则可能更倾向于采取归化策略，力求增进不同文化群体之间的理解与沟通。无论采取何种策略，译者都不可避免地要在自身文化认同和源语言文本文化、目标语言读者文化认同之间进行协调。

（二）译者文化认同对英语翻译策略的影响

译者作为翻译活动的主体，其文化背景、价值观念、审美情趣等主观因素必然会渗透到翻译过程中，影响译者对源语言文本的理解和表达。具有不同文化认同的译者在英语翻译实践中往往会采取不同的翻译策略，以实现各自的翻译目的。

对于认同源语言文化的译者而言，其翻译策略通常体现为“异化”倾向。他们尊重原作的文化特色，力求在译文中再现源语言文本的文化内涵，保留其异域风情。在具体翻译过程中，这类译者往往采用直译、音译、注释等方式，尽可能地向目标语言读者传递源语言文化信息，促进不同文化之间的交流与理解。马克·吐温的小说《哈克贝利·费恩历险记》中就包含大量美国南方方言和黑人英语，体现了浓郁的地域文化特色。译者张谷若在翻译时，采用大量直译手法还原源语言文本的语言风格，并辅以注释说明文化背景，使译文保留了原作的文化内涵，拉近了中国读者与美国南方文化的距离。

相比之下，认同目标语言文化的译者则更倾向于采取“归化”策略。他们站在目标语言读者的角度，关注译文在目标语言文化语境中的接受效果。为了使译文更易于目标语言读者理解和接受，这类译者往往对源语言文本进行语言和文化上的改写，用目标语言文化中的对应表达替代源语言文化特有的表达方式。在福楼拜的小说《包法利夫人》的汉译本中，译者李健吾将法国的贵族称谓“Monsieur”和“Madame”分别译为“老爷”和“夫人”，以更符合中国读者的阅读习惯。这种归化处理虽然牺牲了一定的异域风情，但提高了译文的可读性，拉近了原作与目标语言读者之间的距离。

除了对源语言文化和目标语言文化的认同外，译者对第三种文化的认同也会影响其翻译策略。这在跨文化交际日益频繁的当今时代尤为常见。熟悉并认同国际通用语言和文化的译者往往采取“中立化”的翻译策略，力求在译文中保持文化中性，减少文化差异对翻译的影响。在英汉互译的语境中，英语作为一种国际通用语言，其表达方式具有一定的中性特点。对国际文化有较高认同度的译者在翻译时，往往会采用更加中性化的表达，以适应全球化语境下的跨文化交际需求。

需要指出的是，译者文化认同与英语翻译策略选择之间并非简单的一一对应关系。实践中，译者往往根据具体的翻译任务和语境，灵活调整自己的翻译策略。一名译者可能在不同的翻译项目中采取不同的策略，体现出多元文化认同的特点。此外，除译者个人的文化认同外，整个社会的主流文化价值取向、意识形态等外部因素也会制约译者的翻译策略选择。

译者文化认同通过影响其对源语言文本的理解和表达，进而影响英语翻译策略的选择。异化、归化、中立化等不同的翻译策略，反映了译者在源语言文化、目标语言文化、第三种文化之间的认同差异。深入研究译者文化认同与英语翻译策略选择的关系，对于指导翻译实践、提高翻译质量具有重要意义。在全球化背景下，培养译者的多元文化意识和跨文化交际能力，有助于其在翻译实践中更加灵活地选择恰当的翻译策略，实现跨语言、跨文化的有效沟通。

（三）译者文化认同感的提高

提高译者和读者的文化认同感，有助于增进对源语言文化的理解，促进译文与源语言文本在情感和价值观层面的对等，从而提升英语翻译的整体质量。

译者文化认同感的提高依赖于跨文化意识的培养。译者要主动学习和了解源语言国家的历史、社会、民俗等文化背景知识，深入研究其语言的表达方式和思维模式。通过对比分析发现中西方文化的异同点，译者能更好地把握源语言文本的文化内涵，找到恰当的表达方式，使译文既忠实源语言文本，又符合目标语言读者的文化期待。同时，译者应培养文化同理心，学会换位思考，设身处地地理解原作者的创作意图和情感表达。唯有如此，才能在译文中传递源语言文本的情感基调，引发读者的情感共鸣。

提高读者文化认同感还需要译者在翻译过程中适度融入目标语言文化元素。一方面，对于源语言文本中出现的文化负载词和文化专有项，译者要审慎斟酌，采取恰当的翻译策略。对于与目标语言文化相去甚远的文化现象，可采用增译、注释等方式补充说明，减少目标语言读者的文化隔阂感；而对于与目标语言文化相近的内容，则可以采用归化策略，用读者熟悉的表达方式替代，增强译文的亲切感。另一方面，译者可以在行文中适当添加一些目标语言文化的修辞格或表达习惯，使译文更加地道、自然，让读者感受到文化的亲和力。

除此之外，提升英语翻译中的文化认同感还需要译者对源语言文本文体风格的深刻领会。不同文体（如诗歌、散文、小说等），其语言风格和表达方式大相径庭。译者要在全面理解源语言文本内容的基础上，准确把握其文体特征，力求在译文中再现原作的风格神韵。唯有如此，译文才能以贴近源语言文本的面貌呈现在读者面前，唤起读者的文化共识和情感认同。

当然，作为翻译活动的组织者和推动者，国家和社会也应给予政策和资金支持，鼓励开展高水平的翻译实践和研究。通过设立优秀翻译作品评奖、举办译者培训和研讨会等，为译者搭建学习交流平台，营造重视翻译、尊重译者的社会氛围，进而推动英语翻译事业向纵深发展。

第二节　跨文化交际中的英语翻译策略

一、语言障碍与语境适应

（一）语言障碍的表现形式

语言障碍是跨文化交际中英语翻译面临的重要挑战，其表现形式多样，涵盖语音、语法、语义、语用等多个层面。从语音层面来看，不同语言的语音系统差异显著，母语为非英语的学习者常常难以准确辨别和发音某些英语音位，如/θ/和/e/的区分，/l/和/r/的混淆等。这些语音偏误不仅影响口语表达的清晰度和准确性，也可能导致书面翻译中的拼写错误。

语法层面的障碍则源于语言的结构差异。英语作为屈折语，其句法结构与汉语这类孤立语有着本质不同。汉语习惯依靠语序和虚词来表达语法意义，而英语则主要通过词形变化实现。对英语语法缺乏全面深入的理解，就难以在翻译中准确传递源语言文本的语法功能和逻辑关系，甚至可能出现句子残缺、语法错乱的现象。

语义理解的偏差也是语言障碍的常见表现。词汇是语义的基本载体，但由于英汉两种语言的词汇体系差异巨大，许多词语在跨语言对应时难以找到完全等值的对应词。一些英语词汇蕴含着特定的文化内涵，如果译者对其理解不够透彻，就可能出现望文生义、断章取义的情况。多义词的处理也是语义理解中的难点。英语中存在大量一词多义的现象，需要结合具体语境来确定恰当的义项。如果对多义词的语义场缺乏全面认识，就容易在翻译中混淆词义，甚至曲解源语言文本意图。

语用层面的障碍则与语言的实际运用密切相关。同一言语行为在不同文化中可能具有完全不同的语用功能和交际效果。如果照搬母语的语用策略，就可能造成语用失当，产生文化冲突。

此外，文体差异也是语言障碍的一大来源。英语世界存在众多文体（如学术文体、新闻文体、法律文体等），各自有其独特的语言特征和写作规范。缺乏相关文体知识和写作经验的译者，往往难以准确把握源语言文本的文体色彩，在翻译中出现字斟句酌、语无伦次的现象，或者简单套用汉语文体的表达方式，导致译文风格不协调、文体失真等问题。

（二）语境适应的策略选择

英语翻译过程中，要求译者根据具体的交际情境，灵活运用各种翻译策略，力求在忠实传递源语言文本信息的同时，使译文符合目标语言受众的语言习惯和文化背景。这就需要译者深入分析源语言文本的语境，准确把握其语用功能，并在此基础上采取恰当的应对措施。

从宏观层面来看，语境适应涉及跨文化交际中的语言差异和文化差异问题。不同语言在语音、词汇、语法等方面存在显著差异，这就要求译者在翻译过程中进行必要的调整和重构，使译文符合目标语言的表达习惯。同时，每一种语言都深深地植根于特定的文化土壤之中，蕴含着丰富的文化内涵。因此，译者还需要充分考虑源语言文化和目标语言文化之间的差异，在传递源语言文本信息的同时，尽可能地弥合文化鸿沟，使译文易于为目标语言受众所理解和接受。

从微观层面来看，语境适应主要体现在对源语言文本词汇、句法等语言要素的灵活处理上。面对源语言文本中的多义词、文化负载词、习语等，译者需要根据上下文语境准确把握其意义，并选择恰当的对等表达。对于源语言文本中的长句、复句等句法结构，译者则需要在深入理解的基础上进行适当的拆分和重组，使译文符合目标语言的表达习惯。此外，针对源语言文本中的修辞手法（如比喻、拟人、夸张等），译者也需要在充分理解其修辞效果的基础上，采取灵活的翻译策略，力求在译文中再现源语言文本的艺术魅力。

语境适应的策略选择是一个动态的过程，需要译者在具体的翻译实践中不断地权衡利弊，灵活调整。一般来说，在语义、语用等效的前提下，译者应尽量采用归化的策略，使译文符合目标语言的表达习惯。但是，当源语言文本中出现文化专有项、词汇空缺等情况时，译者则需要采用异化的策略，通过音译、意译、注释等方式，尽可能地保留源语言文本的文化内涵，丰富目标语言的表达资源。此外，在某些特定的语境中，如广告翻译、诗歌翻译等，译者还需要突破源语言文本的表层结构，采取更加自由、灵活的翻译策略，以达到预期的交际效果。

二、非语言因素的翻译

（一）文化符号的翻译

文化符号是一个社会群体在长期的历史发展过程中形成的，凝结了该群体的价值观念、审美情趣、行为方式等文化内涵，具有鲜明的民族特色和地域特点。在跨文化交际中，文化符号的差异常常成为交流障碍，引发误解和冲突。因此，在英语翻译过程中，译者必须高度重视文化符号的翻译，采取恰当的策略，准确传达源语言文本的文化内涵，促进不同文化之间的理解和交流。

文化符号的翻译首先需要译者具备深厚的文化功底和敏锐的文化意识。译者要全面了解源语言国和目标语言言国的历史传统、风俗习惯、思维方式等，辨识文本中蕴含的文化因素，洞悉其背后的文化内涵。只有对源语言文本化有了深入的理解，译者才能在翻译过程中准确把握文化符号的意义，找到合适的表达方式。同时，译者还要充分考虑目标语言读者的文化背景和接受能力，根据翻译目的灵活选择翻译策略，使译文在忠实源语言文本内容的基础上符合目标语言读者的阅读习惯和欣赏习惯，实现文化符号意义的有效传递。

在具体的翻译实践中，译者可以综合运用多种翻译策略，灵活处理文化符号的翻译问题。对于一些文化负载较轻的符号（如地名、人名等），可以采用音译的方法，直接转写其发音形式。这种处理方式虽然无法传达文化内涵，但能够保留文化符号的异域色彩，给读者以新奇感和距离感。对于一些文化负载较重的符号，如习语、谚语、典故等，可以采用意译或释义的方法，用目标语言中的对等表达或解释性语句来阐明其文化内涵。这种处理方式虽然会在一定程度上削弱源语言文本的民族特色，但能够帮助目标语言读者跨越文化障碍，更好地理解源语言文本的思想感情。在某些情况下，译者还可以在音译或意译的基础上添加注释，解释文化符号的来源、含义、使用场合等，帮助读者全面了解其文化内涵。

此外，文化符号的翻译还要注重整体协调，体现文化交流的主旨。一篇文本中往往包含多个文化符号，它们共同构成了源语言文本的文化语境。译者要从整体上把握这些文化符号之间的关联，统筹考虑它们在译文中的处理方式，使译文在文化色彩上保持一致，避免出现文化倾向失衡、手法混杂的问题。同时，译者要时刻牢记翻译活动的根本目的是促进不同文化之间的交流与借鉴。在处理文化符号时，要本着求同存异、兼收并蓄的态度，既要尊重差异，保留源语言文化的独特性，又要积极挖掘共性，寻求文化交融的契合点，为目标语言读者提供一个了解异域文化、拓展文化视野的机会。

（二）肢体语言的翻译

肢体语言是言语交际的重要补充，传递着丰富的文化内涵。在不同文化背景下，相同的肢体动作可能具有截然不同的含义，因此准确理解和翻译肢体语言对于有效地跨文化交际至关重要。

从文化视角来看，肢体语言的翻译需要深入理解源语言和目标语言所蕴含的文化背景。手势、表情、姿势等肢体动作往往与特定文化的价值观念、思维方式密切相关。例如，在中国文化中，点头通常表示肯定和赞同，而摇头则表示否定；而在保加利亚等国家，点头和摇头的含义恰恰相反。又如，在西方国家，竖起大拇指表示称赞和鼓励，而在一些中东国家，这一手势却被视为冒犯。可见，肢体语言背后隐藏着深厚的文化积淀，对其进行准确翻译需要对双语文化有深入的理解和把握。

从语境角度来看，肢体语言的翻译还需要考虑具体的交际情景和语境。不同的交际场合对肢体语言的使用有不同的要求和限制。在正式场合，人们往往会克制肢体动作，以表现出庄重、得体的形象；而在非正式场合，肢体语言则更加自然放松，甚至夸张。因此，译者需要根据具体语境，灵活调整肢体语言的翻译策略。例如，在外交场合，译者要格外注意肢体动作的分寸，避免因不恰当的肢体语言而引起误会；而在日常生活中，适度使用肢体语言则有助于拉近与对方的距离，营造轻松愉悦的氛围。

此外，肢体语言的翻译还需要兼顾语言和文化的差异，采取灵活多样的翻译策略。一方面，对于源语言中独特的肢体语言，可以采用直译的方式，并辅以注释或解释，帮助目标语言读者理解其文化内涵。例如，在翻译中国古典小说时，对于“抱拳”“作揖”等特有的肢体动作，可以直接译出并加以解释，以传达其蕴含的文化信息。另一方面，对于目标语言中存在对等表达的肢体语言，则可以采取归化的策略，用目标语言中的常用表达替代之。例如，“点头称是”可以译为“nod in agreement”，“唉声叹气”可以译为“sigh with emotion”。总之，在翻译肢体语言时，既要忠实传达原作的文化内涵，又要照顾目标语言读者的接受习惯。

翻译肢体语言不仅考验译者的语言能力，更考验其文化修养和智慧。译者需要深入研究不同文化中肢体语言的内涵和用法，了解其表达的思想感情和价值取向。同时，译者还要根据不同的交际情景和语境，灵活运用直译、意译、归化等多种翻译策略，力求在传达原作内容的同时，最大限度地再现其艺术魅力。只有不断提高跨文化交际能力，增强文化敏感性和洞察力，才能真正实现肢体语言的有效翻译，为促进不同文化之间的理解和交流贡献力量。

三、文化负载词的翻译

（一）音译与意译结合

中西方语言系统的差异性导致汉译英的难度颇高，尤其是在文化负载词的翻译中更是如此。文化负载词承载着特定文化的深层内涵，蕴含着丰富的民族文化信息，对于促进不同文化间的交流与理解具有重要意义。然而，由于文化背景的差异，许多汉语文化负载词在英语中往往难以找到对等的表达，给翻译工作带来了巨大挑战。

在翻译文化负载词时，单纯依靠字面意思的对译往往难以准确传达其文化内涵，容易产生误读和误解。因此，译者需要在充分理解词语文化内涵的基础上，灵活运用多种翻译策略和技巧，力求在忠实源语言文本和顺应译文语言习惯之间找到平衡。音译与意译相结合就是一种行之有效的方法。所谓音译，即根据汉语拼音来翻译词语，保留其原有发音。这种方法适用于一些难以意译或意译后难以被目标语言读者理解的文化负载词，如“功夫”“太极”等。通过音译，目标语言读者能够直观地感受到词语的异域特色，产生文化差异性的认知。

但是，过度依赖音译也可能导致译文晦涩难懂，影响文本的可读性。因此，在采用音译的同时，译者还应适当补充词语的文化背景信息，帮助读者理解其深层含义。这时，就需要在音译的基础上，辅以意译手法，添加解释性信息，使词义更加明晰、具体。

对于一些意象生动、言简意赅的成语、俗语等文化负载词，意译无疑是更好的选择。成语和俗语往往凝结了一个民族的智慧结晶和审美情趣，其表达方式具有很强的民族特色。因此，直接意译能够更好地再现源语言文本的艺术魅力，引起读者的情感共鸣。译者需要在充分领会词语言外之意的前提下，找到与之情感和寓意相似的目标语言表达，力求化繁为简、化难为易，使译文流畅自然、生动传神。

当然，在某些情况下，单纯依靠音译或意译可能都不足以完整传达文化负载词的文化内涵。这时，译者还可以采取一些辅助手段（如注释、补充等），为读者提供必要的文化背景知识，帮助其全面理解词语的意蕴。通过巧妙地融合音译、意译和其他翻译技巧，译者能够在跨文化交际中构建起一座沟通的桥梁，促进不同民族间的相互理解和文化认同。

（二）增译与减译的灵活运用

在跨文化交际的语境中，译者需要根据不同的交际目的和接受对象，恰当地选择增译或减译策略，以达到信、达、雅的翻译效果。

增译是指在翻译过程中适当地增加一些词语或句子，使译文更加通顺、得体，更符合目标语言的表达习惯。这种策略常用于处理英语和汉语在语法结构、修辞手法等方面的差异。在翻译时，译者可以根据汉语的习惯，适当增加一些语言成分，使句子更加完整、自然。又如，英语习惯用连词表示并列关系，而汉语则喜欢用分句。在英译汉时，译者可以酌情增加一些关联词语，使译文更加连贯、通畅。

与增译相对，减译则是在翻译时适当删减源语言文本中的某些冗余成分，使译文更加简洁、凝练。这种策略常用于处理英语中的同义并列词、重复表达等现象。英语为了强调或修饰，经常使用一些同义并列词，而汉语则崇尚简洁。在翻译时，译者可以根据汉语的表达习惯，适当删减一些重复的词语，突出中心意思。同时，英语中存在许多习语、谚语等文化负载词，如果直译往往难以为汉语读者所理解。此时，译者可以采取减译策略，去除一些文化色彩，直译其基本含义，使译文更加明晰、易懂。

需要强调的是，无论是增译还是减译，都必须以忠实源语言文本为前提，不能随意改变源语言文本的意思。译者在采取这两种策略时，应全面考虑语境、文化背景、交际目的等因素，既要尊重源语言文本，又要照顾读者，在形式和内容上做到相对的均衡。只有恰到好处地运用增译和减译技巧，才能既准确传达源语言文本信息，又符合目标语言表达习惯，从而实现跨文化交际的目的。

（三）文化对等与异化处理

文化对等是指在翻译过程中，尽可能寻找与源语言文化中相对应的、具有相似内涵和功能的目标语言表达，使译文在文化意义上与源语言文本等值。这种策略有助于消除文化障碍，增进不同文化背景下读者的理解和接受。例如，在翻译中国古代诗词时，可以用西方文学中的十四行诗来创造相似的艺术效果和美感体验。

然而，并非所有文化现象都能找到对等的表达方式。在这种情况下，异化处理就显得尤为重要。异化是指有意识地保留源语言文化中独特的、难以对等翻译的文化因素，使译文带有异域色彩，引导读者走进源语言文化的世界。这种策略不仅能够传递文化差异，增进跨文化理解，还能丰富和发展目标语言文化。例如，在翻译中国的“春联”“粽子”等特有事物时，可以采用音译加注释的方式，既保留了文化特色，又方便了读者理解。

事实上，文化对等与异化处理并非对立的策略，而是相辅相成、互为补充的。在具体的翻译实践中，译者需要根据文本类型、读者需求、文化差异等因素灵活选择和综合运用。对于一些文化负载较轻的语篇（如科技文献、商务合同等），可以更多地采用文化对等策略，以准确传递信息为主；而对于文学作品、宗教典籍等文化负载较重的语篇，则可以适当增加异化处理的比重，以再现源语言文化的独特魅力。

此外，文化对等与异化处理的选择还需要考虑翻译的目的和读者的接受能力。如果翻译的目的是传播源语言文化，促进文化交流，那么适度的异化处理就显得尤为必要；如果翻译的目的是为读者提供便捷的信息获取渠道，那么文化对等策略可能更加适合。同时，译者需要评估目标语言读者的文化背景和接受能力，在异化处理时提供必要的背景知识和解释说明，以减少阅读障碍。

四、语言风格的调整

（一）语域差异的调整

语域是指语言在不同使用环境和场合下所呈现出的特点和风格。它受到语言使用者的身份、地位、情感态度，以及交际双方关系、交际目的等因素的制约。在英语翻译过程中，如果忽视语域差异，就可能导致译文风格不当、语义偏差、文化失误等问题，影响译文的质量和传播效果。

要恰当处理英语翻译中的语域差异，首先需要准确把握源语言文本的语域特征。这需要译者具备敏锐的语言观察力和分析能力，能够透过字里行间洞察作者的语言风格、情感态度和交际意图。同时，译者需要全面了解源语言文本所反映的文化背景、价值观念和审美情趣，深入领会源语言文本的内在精神和艺术魅力。只有在充分理解源语言文本语域特征的基础上，译者才能在译文中准确再现源语言文本的风格和神韵，实现信、达、雅的统一。

其次，译者需要根据目标语言的语域规范和目标语言读者的期待，对源语言文本的语域进行灵活调整和重构。不同语言在语域方面存在着显著差异。例如，英语日常交际中使用大量口语化表达，而汉语则更加注重书面语的运用；英语学术论文强调客观中立的语气，而汉语学术论文则更多地体现作者的主观见解。面对这些差异，译者需要在充分尊重源语言文本的基础上，结合译文的功能定位和接受语境，对源语言文本的语域进行适度调整，使之符合目标语言的表达习惯和语篇规范。这种调整不是对源语言文本的简单替换或改写，而是一种创造性的语言转换过程，需要译者发挥语言运用的智慧和艺术，在形式和内容上达成新的统一。

此外，译者还需要提高跨文化交际意识，注重语域转换的文化传播效果。语言是文化的载体，蕴含着丰富的文化内涵。不同语域所反映的文化信息和价值观念往往存在差异。如果译者在语域转换过程中忽视这些差异，就可能造成文化误读和冲突。因此，译者需要充分考虑目标语言读者的文化背景和接受心理，采取灵活的翻译策略，既要忠实传达源语言文本的文化内涵，又要照顾读者的阅读期待和欣赏习惯。通过巧妙的语域调整，译者可以搭建起不同文化之间的沟通桥梁，促进文化的交流互鉴。

（二）文体特征的还原

每一种文体都有其独特的语言风格和表达方式，如果译者不能深入领会源语言文本的文体特征，就难以在译文中完美再现原作的艺术魅力。因此，在翻译实践中，译者必须具备敏锐的文体意识，全面把握源语言文本的语言特点、修辞手法、情感基调等，并在译文创作中灵活运用各种翻译技巧。

文学作品的翻译尤其考验译者的文体驾驭能力。文学语言具有高度的个性化特征，充满了作者独特的情感体验和审美追求。作家往往通过精心的遣词造句、巧妙的修辞比喻来塑造人物形象，渲染情感氛围，表达思想主题。如果译者对原作的文体风格理解得不够深入，就难以在译文中还原作品的艺术个性和美学价值。因此，文学翻译要求译者不仅要精通语言，还要具备深厚的文学修养和敏锐的审美感悟力。只有全面把握原作的内在韵律、情感基调、意象系统等，才能创造出译文佳作。

在实务文本的翻译中，文体特征的把握同样至关重要。不同类型的应用文体，如法律文件、商务合同、科技报告等，都有其特定的语言规范和行文方式。译者必须熟悉相关领域的写作惯例和专业术语，才能确保译文的准确性、严谨性和专业性。同时，实务翻译要求译文符合目标语言受众的阅读习惯和文化背景。译者需要在忠实源语言文本内容的基础上，灵活调整译文的语言风格和表达方式，以便更好地为目标语言读者服务。

此外，文体特征的把握还有助于译者深入理解原作的思想内涵和情感基调。文体是作者个人风格和创作意图的外在体现，蕴含着丰富的文化内涵和价值取向。译者只有透过表层的语言形式，洞察作品的深层思想，才能真正领会原作的精神实质，进而在译文中传神地再现原作的内在魅力。这就要求译者不仅要具备扎实的语言功底，还要拥有广博的知识储备和深邃的文化视野，能够在不同文化语境中进行深入地思考和对比，准确把握原作的思想精髓。

（三）修辞手法的对应

恰当运用修辞手法有助于还原源语言文本的语言特色，传递源语言文本的情感基调，从而增强译文的表现力和感染力。不同语言在修辞手法上存在着显著差异。英语多采用夸张、比喻、排比等修辞手法，富于变化和想象；而汉语则更倾向于对仗、借代、双关等含蓄委婉的表达方式。如果翻译时忽视这些差异，照搬源语言文本的修辞手法，就可能导致译文晦涩难懂，失去原有的语言魅力。因此，译者需要充分研究英汉两种语言的修辞特点，在准确理解源语言文本内涵的基础上，灵活调整修辞策略。

以英语中的夸张修辞为例，若直译为汉语，常会给人以浮夸、不真实之感。此时，译者可以适当缓和语气，用委婉的方式表达夸张的内容，或者干脆省略一些过于夸张的描述，以符合汉语的表达习惯。再如英语中大量使用的拟人修辞，如果生搬硬套到汉语中，有时会显得生涩别扭。面对这种情况，译者应当根据上下文，选择更加贴切、自然的比喻方式，或者直接用写实的手法描述，避免过度拟人化。

翻译实践中，修辞格的对应转换往往融会贯通。一个优秀的译者应该具备娴熟的修辞技巧，能够变通、巧妙地实现修辞转换。在不同语境下，灵活选择增译、减译、变译等多种处理方式，力求在忠实源语言文本的基础上，最大限度地再现原作的艺术魅力。

需要指出的是，翻译修辞不是简单的技巧堆砌，而应服从作品的整体风格和主旨内涵。脱离语境的修辞转换，不仅无法传神达意，反而会喧宾夺主，损害译文的可读性和美感。因此，翻译者要深入领会源语言文本的思想内核和情感基调，在此基础上对修辞格进行必要的取舍和调整，做到有所为有所不为，让修辞服务于内容表达。

第三节　英语翻译中的文化适应与变通

一、文化适应在英语翻译中的重要性

（一）文化适应影响翻译质量

翻译作为一种跨文化交际活动，不仅需要译者精通源语言和目标语言，而且要深入了解两种语言所承载的文化内涵。只有充分考虑文化因素，恰当处理文化差异，才能产出高质量的译文，实现有效的跨文化交际。

文化差异是影响英语翻译的重要因素。不同文化对同一事物可能有截然不同的理解和表达方式。这些文化差异如果处理不当，就可能导致误译、漏译，甚至造成文化冲突。因此，译者必须深入研究源语言文化和目标语言文化，准确把握其异同，在翻译过程中予以充分考虑，并采取恰当的翻译策略进行处理。

文化适应的关键在于找到源语言文化与目标语言文化之间的平衡点。一方面，译者要尊重原作的文化内涵，忠实传达原作者的思想感情；另一方面，又要照顾目标语言读者的文化背景和接受习惯，使译文符合目标语言文化规范。这就要求译者在深入理解源语言文本的基础上，灵活运用各种翻译技巧（如增译、删译、补译、注释等），对源语言文本进行适度调整，使译文在文化上更加贴近目标语言读者。同时，译者应该注重译文的可读性和流畅性，使其不仅在内容上忠实源语言文本，而且在语言表达上符合目标语言的习惯，让读者在阅读过程中感受到文化的亲切感。

此外，文化适应还要求译者具备较高的文化敏感性和文化鉴赏力。译者不仅要熟悉源语言文化和目标语言文化的表层现象（如风俗习惯、历史典故等），更要深入把握其深层内涵（如价值观念、思维方式、审美情趣等）。唯有如此，译者才能在翻译实践中游刃有余地处理文化差异，做到信、达、雅的统一。

（二）文化适应决定译文可接受度

文化差异是造成英语翻译困难的主要原因之一，不同文化背景下的语言表达方式、思维模式、价值观念等方面存在着显著差异。如果译者不能很好地理解和把握这些差异，就难以生成符合目标语言文化的译文，从而影响译文的可接受度。

要提高译文的可接受度，译者需要具备深厚的文化意识和文化适应能力。文化意识是指译者对源语言文化和目标语言文化的敏感性和洞察力，能够发现两种文化在语言表达、思维方式、价值取向等方面的异同。在此基础上，译者需要具备文化适应能力，即根据目标语言文化的特点和要求，对源语言文本进行必要的调整和改写，使之更加贴近目标语言读者的文化期待。

文化适应的策略主要包括归化和异化两种。归化是指将源语言文本中的文化因素替换为目标语言文化中的对应因素，使译文读起来更加自然、顺畅。而异化则是指保留源语言文本的文化特色，向目标语言读者介绍源语言文化，拓宽其文化视野。例如，在英译汉时，可以将“Pandora's box”直译为“潘多拉魔盒”，同时加注释说明其来源和寓意，让汉语读者了解这一希腊神话典故。

在实际翻译中，归化和异化两种策略往往交替使用，需要根据具体语境灵活选择。一般来说，在语言风格、语篇连贯等方面，多采用归化策略，以符合目标语言使用习惯；而在文化负载词、文化专有项等方面，则多采用异化策略，以传递源语言文化信息。译者需要在充分理解源语言文本的基础上，权衡利弊，找到归化与异化之间的平衡点，既要尊重源语言文本的文化内涵，又要照顾目标语言读者的接受能力。

此外，文化适应还要求译者具有广博的文化知识和跨文化交际能力。译者要熟悉源语言国和目标语言国的历史、地理、宗教、风俗习惯等文化背景知识，了解两国在政治、经济、外交等领域的往来交流，积累丰富的百科知识，提高文化素养。同时，译者还需要培养跨文化交际意识和能力，站在不同文化的视角审视问题，用适当的语言和方式与读者进行有效沟通。只有不断拓宽知识面，提高文化修养，译者才能游刃有余地进行文化适应，发挥语言和文化的双重中介作用。

（三）文化适应促进跨文化交际

翻译从本质上说是一种跨文化交际行为，译者需要在不同语言和文化之间架起沟通的桥梁。然而，由于各民族在历史发展、生活方式、思维模式等方面存在差异，直接的语言转换往往难以准确传递源语言文本的意义。这时，译者就需要根据目标语言读者的文化背景和接受习惯，对译文进行必要的调整和改写，以达到信、达、雅的标准。

文化适应的过程需要译者深入了解源语言和目标语言所蕴含的文化内涵。

这不仅包括表层的风俗习惯、历史典故等，更涉及深层的价值观念、审美情趣、思维方式等。只有全面把握两种语言的文化特征，译者才能在翻译过程中有的放矢地进行文化调适，既忠实地再现源语言文本的内容和风格，又使译文符合目标语言读者的阅读期待。

具体而言，文化适应在词汇、句法、语篇等多个层面发挥着重要作用。在词汇层面，译者需要根据上下文和文化语境选择恰当的对等词，避免因词不达意引起误解。同时，对于一些文化负载词（如习语、谚语等），译者还需要采取增译、减译、解释等灵活的翻译策略，使其含义得以准确传达。在句法层面，由于中西方语言在句式结构、逻辑关系等方面存在差异，译者需要在保持源语言文本语义的基础上对句子成分进行适当调整，使译文符合目标语言的表达习惯。在语篇层面，译者还需考虑语篇的衔接与连贯，使译文在整体上达到与源语言文本相近的交际效果。

值得注意的是，文化适应并非简单地迎合，而是在尊重源语言文本、忠实原意的基础上进行必要的调节。过度的文化适应有可能导致源语言文本意义的偏离或文化特色的丢失，而照搬硬套则可能造成译文晦涩难懂，无法达到有效沟通的目的。因此，文化适应的尺度需要把握好度，做到适度、得体。

此外，随着全球化的深入发展，不同文化之间的交流日益频繁。在这一背景下，译者应当具备更加开阔的文化视野和包容的心态，在翻译实践中积极促进不同文化间的对话与融合。通过文化适应，译者不仅能够传播知识、沟通信息，而且能推动人类文明的交流互鉴，为构建人类命运共同体贡献力量。

二、英语翻译中的文化差异处理

（一）文化差异的识别与理解

英语和汉语作为两种不同的语言，其背后所承载的文化内涵和价值观念也存在着显著差异。如果译者不能敏锐地意识到这些差异，并在翻译过程中加以妥善处理，就难以生成语文精准地道、文风优雅生动的译文。因此，识别和理解文化差异成为提升英语翻译水平的关键。

从语言内容的角度看，英汉两种语言所表达的文化内容也大相径庭。例如，英美文化推崇个人主义，强调个人权利和自我价值的实现；而中华文化则提倡集体主义，重视个人对家庭、社会的责任和义务。再如，西方文化重视逻辑思辨，讲求事物的因果关系；而东方文化善于悟性思维，注重事物的内在联系。这些文化内容的差异，深刻影响着人们对世界的认知和评价。译者如果对此缺乏足够的认识，就难以全面、准确地传达源语言文本的思想内涵。

事实上，即使是同一词语，在不同的文化语境下也可能产生截然不同的理解。“龙”在中华文化中是吉祥、尊贵的象征，而在西方文化中却常常被视为邪恶、凶残的化身。再如“红色”，在中国传统文化中代表喜庆、吉利，但在西方文化中却隐含着警示、危险的意味。如果译者对这些词语的文化内涵缺乏敏感性，在翻译时就容易产生偏差，甚至导致严重的误读。

因此，英语翻译能否达到信、达、雅的标准，关键在于译者能否深刻认识英汉两种语言所表达的文化的差异，并采取恰当的翻译策略加以弥合。这就要求译者不仅要熟练掌握两种语言的特点，还要对两种语言所承载的文化有深入、全面的了解。唯有如此，才能在翻译实践中游刃有余地处理各种文化差异，生成高质量的译文。

（二）文化差异的语言表达转化

语言作为文化的载体，深受其所依附文化的影响。不同语言所承载的文化内涵和表达方式往往存在显著差异，这就要求译者在翻译过程中不仅要准确传递源语言文本信息，还要合理处理文化差异对语言表达的影响，实现译文在目标语言文化中的有效传播。

具体而言，文化差异主要体现在词汇、语法、修辞等语言要素中。在词汇层面，由于不同文化对事物的认知和表达方式不同，同一概念在不同语言中可能有截然不同的对应词汇。例如，“大雁塔”虽可直译为“Big Wild Goose Pagoda”，但这样的翻译难以体现其作为佛教圣地的文化内涵。因此，译者需要充分考虑词汇背后的文化意蕴，采取合适的翻译策略（如增译、注释等），以帮助目标语言读者理解词汇所蕴含的文化信息。

在语法层面，不同语言的语法规则和表达习惯也存在差异。例如，英语重形合，汉语重意合。再如，英语中习惯使用长句，层层递进，而汉语则多用短句，意思并列。这就要求译者在翻译时灵活处理，既要遵循目标语言的语法规则，又要努力再现源语言文本的语言风格。必要时，译者还需对源语言文本的句子结构进行调整，使其更符合目标语言的表达习惯。

在修辞层面，文化差异同样对语言表达产生重要影响。不同文化对修辞手法的偏好和使用频率往往不同。例如，英语习惯使用夸张、比喻等修辞手法，而汉语则更多使用借代、对偶等。在某些情况下，译者还需对源语言文本的修辞手法进行必要的调整，以符合目标语言修辞的特点和读者的欣赏习惯。

文化差异对语言表达的影响是全方位、多层次的，体现在词汇、语法、修辞等方方面面。译者只有全面考虑文化因素，在准确理解源语言文本内容的基础上，因地制宜地采取合适的翻译策略，才能有效实现文化差异在语言表达中的转化，使译文不仅忠实源语言文本，而且符合目标语言文化的表达习惯，从而真正实现跨文化交际的目的。这对译者的文化意识、语言功底和翻译技巧提出了很高要求，需要译者在翻译实践中不断积累经验、提升能力。

（三）文化差异的内容意义传递

在跨文化交际中，译者不仅要准确传达源语言文本的字面意思，更要深入理解隐含在语言背后的文化内涵，并采取恰当的翻译策略，将这些内涵有效地传递给目标语言读者。这不仅需要译者具备扎实的语言基本功，更需要其拥有深厚的文化修养和敏锐的文化洞察力。

从语言学的角度来看，语言是文化的载体，每一种语言都深深地打上了其民族文化的烙印。词汇、语法、修辞等语言要素无不体现着特定文化的思维方式、价值观念和审美情趣。因此，在英语翻译中，译者必须透过语言表象，挖掘词语背后的文化底蕴，准确把握词语在不同文化语境中的内涵差异。

从传播学的视角来看，翻译是一种跨文化交际行为，译者实际上扮演着文化中介者的角色。译者要想达成有效的跨文化交际，就必须充分考虑目标语言读者的文化背景、接受习惯和期待视野，采取适当的翻译策略，化解文化障碍，实现文化融通。例如，在翻译含有文化专有项的语篇时，译者可以根据目标语言读者的文化知识储备，灵活运用直译、意译、音译、释译等多种翻译方法，并辅之以必要的文化注释，帮助读者理解源语言文本化的内涵。

从文学翻译的层面来看，文学作品是一个民族文化精华的结晶，蕴含着丰富的民族文化记忆、思想情感和审美理想。文学翻译不仅要再现原作的艺术魅力，而且要深度挖掘其文化内蕴，在目标语言中再创作，实现文学作品在异域文化中的传播与接受。这对译者的文化素养和创造性提出了更高要求。译者需要全面了解原作所处的社会历史语境，体察作者的情感体验和价值追求，并运用丰富的文学表现手段和跨文化想象力，在译文中再现原作的文化意蕴，引导目标语言读者体验不同文化的精神世界。

此外，随着全球化进程的加快，英语在国际交流中的通用语地位日益凸显。在很多跨文化交际场合，英语实际上并非交际各方的母语，而是作为一种中介语言发挥作用。这就要求译者不仅要关注英语与其他语言之间的文化差异，还要注重不同英语变体之间的文化差异，在翻译中采取包容性的策略，尊重文化多样性，促进不同文化背景的交际者之间的理解与沟通。

三、英语翻译中的文化变通

（一）文化变通的内涵与作用

译者在翻译过程中，不仅要忠实地传递源语言文本的语义内容，而且要考虑源语言文化和目标语言文化之间的差异，在必要时，对源语言文本进行适当的调整和重构，以使译文更加符合目标语言读者的文化背景、思维习惯和欣赏情趣。这种变通不是对源语言文本的随意篡改，而是以忠实传达源语言文本精神为前提，在形式上进行灵活处理的创造性行为。具体而言，文化变通在英语翻译中的作用主要体现在以下几个方面。

首先，文化变通有助于克服语言表达方式的差异。英语和汉语作为两种迥然不同的语言，在语法结构、修辞方式、语用习惯等方面存在着显著的差异。如果译者只是机械地对应字、词、句子，而不考虑文化因素，就很可能产生晦涩难懂、不合逻辑的译文。而通过灵活运用文化变通的策略（如增译、删减、重组等），译者可以使译文更加通顺、得体，更好地符合目标语言的表达习惯。

其次，文化变通可以帮助译者化解文化冲突，传递异域文化的独特魅力。英语和汉语文化圈在历史渊源、价值观念、风俗习惯等方面差异巨大。在翻译过程中，如果对这些差异视而不见，简单套用字面意思，就可能产生文化误读，甚至引起不必要的误会和冲突。相反，如果译者能够意识到文化差异，在翻译时适当地进行解释、比喻、转译等变通处理，不仅可以减少文化障碍，还能让目标语言读者感受到异域文化的独特魅力，增进不同文化之间的了解和欣赏。

再次，文化变通有利于实现翻译的功能目的。英语翻译的目的多种多样（如传递信息、介绍文化、推动交流、引发共鸣等），而要实现这些目的，仅靠语言层面的对等是远远不够的，还需要考虑文本的文体特征、读者群体、使用场合等语境因素。这就需要译者根据不同的翻译功能，对源语言文本采取不同的文化变通策略。例如，在文学翻译中，为了再现原作的艺术风格和美学特征，译者可能会采用异化的变通策略，尽量保留源语言文本的文化意象和表达方式；而在实用文本的翻译中，为了让目标语言读者快速获取信息，译者则可能采用归化的变通策略，用熟悉的表达方式替代源语言文本中的文化专有项。

最后，文化变通还体现了译者的跨文化交际能力和创造性。作为一种跨语言、跨文化的交际活动，英语翻译对译者的综合素质提出了很高要求。译者不仅需要精通英汉两种语言，还需要深入了解两种文化，具备敏锐的文化意识和缜密的逻辑思维。而文化变通的运用，既考验了译者对两种文化的把握能力，也考验了译者在传达源语言文本内容的同时，对译文形式进行再创造的能力。可以说，文化变通策略的得当运用，既是对译者综合能力的检验，也是译者发挥主观能动性、实现翻译创造性的重要体现。

（二）文化变通的策略

文化变通旨在通过灵活运用语言资源，在尽可能保留源语言文化内涵的同时，使译文符合目标语言文化习俗和表达方式，从而达到跨文化交际的目的。具体而言，文化变通的策略主要包括以下几个方面。

首先，译者应深入了解源语言和目标语言所承载的文化内涵，把握两种语言在词汇、语法、修辞等方面的差异。只有充分认识到不同文化之间的差异，才能在翻译过程中有的放矢地进行文化变通。例如，英语中的“blue”一词，在不同语境下可能代表忧郁或高贵，而汉语中的“蓝色”则没有这些文化内涵。因此，在翻译涉及“blue”的语句时，译者需要根据具体语境灵活处理，或采用意译，或添加注释，以准确传达源语言文本意图。

其次，译者应充分发挥主观能动性，在忠实源语言文本的基础上，适当进行文化调适。这种调适可以是增译，即在译文中添加必要的背景知识或文化信息，帮助目标语言读者理解源语言文本；也可以是删减，即去掉一些对目标语言读者来说难以理解或者容易产生误解的内容。例如，在翻译中国古典诗词时，如果直译一些文化特定词语，如“花间一壶酒”，很可能让西方读者感到困惑。此时，译者可以采取增译的策略，添加一些解释性的词语，译为“a jar of wine enjoyed among the flowers”，以帮助读者领会诗句的意境。

再次，译者应努力寻求文化对等，在表达效果上追求与源语言文本的相似性。文化对等并非机械地对应，而是在深入理解源语言文本内容和风格的基础上，用目标语言文化中最恰当、最自然的表达方式来重现源语言文化的内涵。例如，“love me，love my dog”这一英语谚语，如果直译为“爱我，就爱我的狗”，虽然语义相近，但却没有体现出谚语的文化内涵。此时，译者可以用中国文化中的对等表达“爱屋及乌”来译出，既忠实地传达了原谚语的内涵，又符合了中文的表达习惯。

最后，译者应注重翻译的整体效果，在局部文化变通的同时，要始终把握全文的主旨和风格。片段的文化变通固然重要，但更关键的是整体上的文化协调。这就要求译者在处理文化差异时，要兼顾上下文语境，注重译文的连贯性和一致性，避免出现文化碰撞或理解断层的问题。

第三章 语言学视角下的英语翻译理论

第一节 认知翻译理论

一、认知翻译理论的观点

（一）认知视角下的翻译过程

在认知视角下，翻译被视为一种复杂的认知活动，涉及语言理解、知识应用、策略选择等多个层面的心理加工过程。译者在翻译过程中，不仅需要准确理解源语言文本的字面意义，还要根据语境、文化背景等因素对其内涵进行推理和阐释。这一过程不是简单的语码转换，而是以译者已有的知识结构为基础，通过动态构建、整合、优化形成源语言文本在目标语言中的对应表述。其中，工作记忆在信息加工、策略选择等方面发挥着重要作用。译者工作记忆的容量和效率在很大程度上决定了翻译的速度和质量。

从认知科学的视角来看，翻译包含了一系列复杂的认知活动（如阅读理解、语义分析、知识提取、问题解决等）。这些活动涉及语言加工、记忆、注意等多个认知领域，体现了人类信息加工的一般规律。同时，翻译表现出鲜明的领域特征，受制于两种语言的差异、文本类型的多样性、任务要求的复杂性等因素。揭示翻译过程中各认知成分之间的交互作用机制，探索不同语言、不同文本、不同任务情境下译者认知加工模式的异同，是当前翻译认知研究的重要课题。对此，研究者提出了意义整合模型、认知负荷理论等多个理论框架，力图从宏观和微观两个层面对翻译认知过程进行建模和实证研究。

认知视角下的翻译过程研究对翻译教学具有重要启示意义。传统的翻译教学往往关注译文质量评判，忽视了对学生翻译能力发展的动态考查。引入认知视角，教师可以更加系统地分析学生在不同翻译任务中遇到的困难和问题，有针对性地设计教学内容和训练项目，帮助学生提升语言理解、知识应用、策略运用等方面的能力。同时，教师可以借鉴翻译认知研究的实验范式，开发过程导向的教学评估手段，动态监测学生翻译能力的发展变化。这不仅有利于改进翻译教学模式，促进翻译教学科学化、精准化，更有助于学生掌握科学的翻译思维方法，提高学习的主动性和策略性。

此外，认知视角下的翻译过程研究还为开发智能辅助翻译系统提供了理论支撑。当前，机器翻译技术虽然取得了长足进步，但在语义理解、语用推理等方面仍然存在局限。深入研究人类译者在翻译过程中的认知机制，对其进行建模和形式化表征，可为构建具有认知性能的智能翻译系统奠定基础。这不仅有助于提升机器翻译的质量和效率，而且可以通过人机协同的方式最大限度地发挥人机互补优势，开创翻译实践的新局面。

（二）认知语言学与翻译理论

认知语言学从人类认知的角度出发，将语言视为人类认知的产物，强调语言与认知的内在联系。这一理念对翻译研究产生了重要影响，促使译者跳出传统的语言对等观，转而关注译者的认知过程和策略。

在认知语言学视角下，翻译不再是简单的语言转换，而是一个复杂的认知过程。译者需要运用各种认知策略（如类比、转喻、意象图式等），才能准确把握源语言的意义，并在目标语言中找到恰当的表达方式。同时，译者要考虑源语言和目标语言所蕴含的文化认知差异，在翻译过程中进行必要的调适和重构。这些认知策略的运用，有助于提高翻译的准确性和得体性，实现跨语言、跨文化的有效沟通。

此外，认知语言学还为解释翻译现象提供了新的理论视角。例如，概念隐喻理论可被用来分析翻译过程中的隐喻转换问题。译者需要辨识源语言中的概念隐喻，并在目标语言中找到对应的或相似的概念隐喻，以传达源语言的隐含意义。若目标语言中没有对应的概念隐喻，译者则需要采取其他翻译策略（如隐喻的延伸、改写或删除等），以达到译文的可读性和传达源语言意图的目的。

认知语言学理论还能解释翻译过程中的一些普遍现象（如增译、省译、误译等）。这些现象往往源于译者对源语言理解的偏差，或者源语言和目标语言在认知层面的差异。通过分析这些现象背后的认知机制，译者可以更好地理解翻译的本质，优化翻译策略，从而提高翻译质量。

当然，将认知语言学引入翻译研究尚处于起步阶段，还有许多问题有待进一步探索和解决。例如，如何建立一套系统的、操作性强的认知翻译理论和方法体系；如何借助实证研究手段（如眼动追踪、键盘记录等），深入研究翻译过程中的认知机制；如何将认知语言学的研究成果有效转化为翻译教学实践，培养译者的认知能力和翻译技能等。这些都是未来认知翻译研究需要攻克的难题。

（三）认知阐释模型在翻译中的应用

认知阐释模型以认知语言学为理论基础，将翻译过程视为译者头脑中一系列复杂的认知运作。在这一过程中，译者需要运用概念映射、意象图式、隐喻映射等认知机制，将源语言文本中的概念意义转换为目标语言形式。这一转换过程不是简单的语言符号转换，而是译者基于自身已有知识背景对源语言文本意义的主动建构。

具体而言，译者首先需要利用词汇概念、句法结构、语篇特征等语言线索，构建起对源语言文本意义的初步理解。在此基础上，译者还要结合语境因素，运用背景知识对文本意义进行丰富，使其多层隐含意义得以彰显。例如，面对习语“raining cats and dogs”，译者不能简单进行字面翻译，而需挖掘其隐喻义“rain heavily”，找出最恰当的对应表达。这一过程涉及对源语言概念隐喻的识别、目标语言中对应隐喻的选择，以及两种语言隐喻意象图式的对应，体现了复杂的认知运作。

认知阐释模型强调，翻译过程是译者创造性地重塑意义的过程。源语言语篇虽对译者的意义阐释具有一定的制约，但译者基于自身知识背景所形成的意义理解却是翻译行为的决定因素。不同译者由于知识背景、认知能力等因素的差异，对同一源语言文本的理解和阐释往往存在不同，由此造成不同的译文面貌。因此，该模型推崇描写翻译学，描写翻译研究途径，探讨翻译现象的多元性、译者的主观能动性，揭示影响译者认知过程的社会文化因素。

认知阐释模型对翻译教学具有重要启示。传统的翻译教学往往过于强调翻译技巧和对应规则的掌握，而忽视了译者认知能力的培养。根据认知阐释模型，翻译教学应重视提升学生的概念转换、意象图式对应、隐喻映射等认知技能，引导其全面把握文本意义，主动建构个性化的译文表达。同时，教学中应重视培养学生的语篇分析能力、语用推理能力和跨文化交际意识，使其在翻译实践中游刃有余地进行认知运作。

此外，认知阐释模型为机器翻译、翻译质量评估等研究领域提供了新的思路。传统的机器翻译系统往往基于简单的统计模型，难以准确把握文本的语境意义和文化内涵。而融入认知语言学理论的机器翻译系统，如具有概念隐喻识别、情感分析等功能的认知启发型神经机器翻译系统，有望大大提高机器翻译的质量。在翻译质量评估方面，评估者也应跳出简单地对应比较，从认知视角考查译者对源语言文本意义的理解和再现是否恰当、个性化表达是否合理，以更加全面、科学的标准评判译文质量。

认知阐释模型拓展了传统的语言学视角，将译者的认知过程置于翻译研究的中心。它揭示了翻译过程的复杂性、创造性，彰显了译者的主观能动作用，为翻译研究开辟了广阔的空间。在理论层面，该模型有助于建立更为完善的翻译理论框架，解释翻译现象的多样性，推动描写翻译研究的发展。在实践层面，该模型对优化翻译教学模式、改进机器翻译系统、创新翻译质量评估标准具有重要价值。未来，随着认知科学、神经科学等前沿领域的进步，认知阐释模型必将进一步完善，为揭示人类复杂的认知翻译过程提供更加有力的理论支撑。

二、英语翻译的认知负荷

（一）英语翻译中的认知资源分配

英语翻译作为一项高度复杂的认知活动，涉及语言理解、转换、表达等多个环节，每个环节都需要调动大量的认知资源。然而，人脑的认知资源是有限的，如何在有限的认知资源条件下实现最优的资源配置，以达到高质量、高效率的翻译目标，是每一名译者都必须思考和解决的问题。

从宏观层面来看，英语翻译的认知资源分配应遵循任务难度和重要性相匹配的原则。难度较大或重要性较高的翻译任务（如术语翻译、修辞翻译等），应被赋予更多的认知资源。译者需要在语义理解、语篇分析、语体风格把握等方面投入更多的注意力和思维力，以确保翻译的准确性和传神性。而对于难度较低或不太重要的翻译任务（如一般性词汇的对译），则可以适当减少资源投入，提高翻译效率。这就要求译者在翻译实践中不断总结经验，准确评估不同类型翻译任务的难度和重要性，合理调配认知资源，做到有所侧重、有所取舍。

从微观层面来看，英语翻译中的认知资源分配还需兼顾理解、转换、表达等翻译子过程的需求。翻译的每一个环节都离不开认知资源的支撑，但不同环节对认知资源的需求程度有所不同。一般而言，语篇理解是翻译的基础，需要译者在源语言语义、语用、语篇结构等方面投入大量认知资源进行深入分析；语义转换是翻译的核心，需要译者在源语言和目标语言两种语言体系之间建立精准的对应关系，其间需要大量头脑运算；语篇表达则是翻译的最终呈现，需要译者在遣词造句、语体风格塑造等方面投入心血，力求语言流畅、生动传神。

这就要求译者在分配认知资源时，既要注重对关键环节的资源倾斜，又要兼顾各环节的协同，使理解、转换、表达实现有机统一，最终呈现出高质量的译文。

此外，优化英语翻译中的认知资源分配还需要借助科学的翻译策略和技巧。例如，通过拆分难句、简化语法结构等方式降低理解难度，减轻理解环节的认知负荷；采用意译、词类转换等灵活的翻译方法，化繁为简，提高转换效率；借助语料库、翻译记忆等现代翻译技术辅助手段，最大限度地节省表达环节的认知资源。再如，适当运用增词、删词、词序调整等技巧对源语言文本进行重构，使译文更加符合目标语言表达习惯；合理利用标点符号对译文进行节奏划分，使译文更富节奏感和可读性。这些策略和技巧的运用，无疑能够帮助译者更加高效、精准地分配认知资源，从而在确保翻译质量的同时，提高翻译效率。

（二）英语翻译的认知负荷影响因素

英语翻译作为一项高度复杂的认知活动，涉及语言理解、转换、表达等多个认知过程，对译者的工作记忆、注意力分配、信息加工等认知资源提出了较高要求。当翻译任务的难度超出译者的认知资源上限时，就会产生认知负荷，导致翻译速度下降、错误率上升，最终影响翻译质量。

影响英语翻译认知负荷的因素多种多样，既有来自译者自身的内部因素，也有来自翻译任务和环境的外部因素。从内部因素来看，译者的双语能力、翻译经验、专业知识等都会影响其应对翻译难题的认知策略和效率。一般而言，双语水平越高、翻译经验越丰富、专业知识越扎实的译者，其认知资源往往更为充沛，能够更从容地应对复杂的翻译挑战，降低认知负荷。相反，缺乏足够语言能力、翻译技巧和专业素养的译者，在面对同等难度的翻译任务时，更容易感到力不从心，产生更大的认知负荷。

从外部因素来看，源语言文本的语义复杂度、语法结构、文化内涵等特征都会影响英语翻译的认知负荷。语义复杂度高、语法结构复杂、文化内涵丰富的源语言文本，往往蕴含更多需要译者辨识、理解、转换的信息，因此会占用更多认知资源，带来更大的认知负荷。相比之下，语义明确、结构简洁、文化负载较轻的文本，对译者的认知加工要求相对较低，认知负荷也就较小。此外，翻译辅助工具的应用、参考资料的可获得性，乃至工作环境的舒适度，都会在一定程度上影响英语翻译过程中的认知负荷水平。

鉴于认知负荷对英语翻译质量和效率的重要影响，在翻译教学与实践中，应当高度重视译者认知能力的培养和翻译环境的优化。一方面，要通过双语能力训练、翻译技能指导、专业知识学习等，提升译者自身的认知资源储备，增强其应对复杂翻译任务的能力。另一方面，要积极利用翻译技术手段（如机器翻译、翻译记忆等），为译者提供智能化的辅助和支持，减轻其在信息检索、术语管理等方面的认知负担。同时，要关注人性化的翻译工作环境设计，为译者营造安静舒适、利于集中注意力的翻译空间，尽可能降低外界环境对认知加工的干扰。

只有从译者能力培养和工作环境优化两个方面入手，采取有针对性的措施控制和降低英语翻译中的认知负荷，才能真正提高翻译效率，保障翻译质量，促进翻译事业的健康发展。这既是翻译教育工作者的责任所在，也是翻译行业可持续发展的必然要求。在新时代背景下，深入研究英语翻译认知负荷的影响因素及其应对策略，对于推动翻译学科建设、提升国家翻译能力具有重要意义。

（三）降低英语翻译认知负荷的策略

英语翻译是一个高度复杂的认知过程，译者需要协调语言理解、转换、表达等多个认知任务，同时要兼顾语篇衔接、文化差异、语用策略等因素。如此繁重的认知负荷不仅容易导致译文错误，更会影响译者的工作状态和心理健康。因此，积极探索降低英语翻译认知负荷的有效策略，对于优化翻译过程、保障译者身心健康具有重要意义。

从认知心理学的角度来看，工作记忆容量是影响英语翻译认知负荷的关键因素。工作记忆是个体暂时存储和加工信息的认知系统，其容量直接决定了译者同时处理语言信息的能力。一般来说，工作记忆容量越大，译者的认知负荷就越低，翻译效率就越高。因此，提升工作记忆容量是降低英语翻译认知负荷的重要途径。译者可以通过有针对性的记忆训练（如背诵复杂句式、熟悉语篇结构等）来扩大工作记忆容量，从而减轻认知负荷。此外，合理利用外部记忆辅助（如术语库、翻译软件等），也能够有效降低工作记忆的压力，提高翻译效率。

从语言学习的角度来看，扎实的双语基本功是降低英语翻译认知负荷的根本保障。译者只有具备扎实的语言基础，才能在翻译过程中自如地理解源语言、转换语码、表达目标语言，减少认知资源的无谓消耗。因此，译者应该通过持续的语言学习，不断夯实英汉两种语言的词汇、语法、语用等基础知识，形成稳固的语言直觉和语感。同时，广泛阅读优秀的英语原著和汉语译作，借鉴经典译文的翻译技巧和处理策略，能够进一步提升语言运用能力，降低翻译过程中的认知负荷。只有源语言理解到位、目标语言表达精准，翻译过程才能顺畅高效，译者的认知负荷才能得到有效缓解。

从翻译策略的角度来看，灵活运用各种翻译技巧是降低英语翻译认知负荷的有效手段。翻译不是机械的语言转换，而是译者主动选择的动态过程。译者在翻译时如果能够根据语境灵活选择词汇、句式，巧妙处理语篇衔接，灵活调整语序、语态，就能够在最大程度上降低认知负荷，提高翻译效率。例如，英语中的长难句往往包含多重从句、插入语，对译者的认知负荷构成严峻挑战。此时，译者可以采取“分句译”的策略，将长难句拆分为若干个意群，逐一进行理解和表达，再组合成意思连贯的译文。这种策略不仅能够有效降低工作记忆压力，还能够保证译文的通顺达意。类似地，遇到英语中的习语、隐喻等难译结构，译者可以灵活采取意译、增译、省译等翻译技巧，在忠实源语言文本内容的同时，最大限度地降低认知负荷，提高翻译效率。

从教学实践的角度来看，优化英语翻译课程设置、改进教学方法是降低学生认知负荷的必由之路。传统的英语翻译课程往往偏重翻译技巧的讲解和翻译练习的布置，忽视了学生认知心理的特点和认知负荷的分析。这种教学模式不仅难以调动学生的学习积极性，更容易引发学生的认知过载和学习疲劳。为了突破这一困境，教师应该立足学生认知规律，优化课程内容设置，合理把控教学节奏。例如，教师可以采取“微翻译”的教学策略，将篇幅较长的文本拆分为若干个难度适中的片段，引导学生分段进行理解、表达和评改，逐步构建起完整的译文。这种教学方式不仅能够有效降低学生的认知负荷，还能够激发其主动学习、合作学习的积极性。此外，教师还应该加强翻译过程的指导，引导学生运用多种翻译策略，提高学生灵活处理复杂语言现象的能力。从长远来看，这些举措不仅能够切实降低学生的认知负荷，更能培养其语言运用能力和翻译综合素养。

三、英语翻译中的语义建构

（一）英语翻译中的语义选择

英语翻译作为一项跨语言信息转换的活动，其核心在于精准表达源语言文本的语义内容。然而，语言作为一种符号系统，其意义往往具有模糊性和不确定性。词语在不同的语境中可能呈现出不同的语义指向，这就给翻译工作带来了极大的挑战。译者如何从诸多可能的词义中选择最恰当、最贴切的表达，是翻译过程中必须慎重对待的关键环节。

从认知语言学的视角来看，词语的语义选择本质上是一个范畴化的过程。范畴是人们对客观世界进行分类的认知结构，它以原型为中心向外辐射，形成一个连续系统。在跨语言转换中，译者需要在源语言和目标语言的语义范畴之间寻找最佳的映射关系，以实现语义的精准表达。

具体到英语翻译实践中，语义选择需要译者充分发挥主观能动性，在语境分析的基础上权衡利弊，做出最优决策。首先，译者要全面把握源语言文本的语境信息，包括语篇类型、交际目的、文化背景等因素，揣摩作者的写作意图和表达效果。其次，译者要熟悉英语词汇的多重意义和搭配习惯，了解词语在不同语域中的用法差异。再次，译者要善于通过替换、变换等翻译技巧，在忠实源语言文本内容的前提下实现语义的灵活处理，使译文更加贴近目标语言读者的理解习惯。同时，译者应注重发挥语感和创造力，在词语选择上体现个人的语言风格和艺术特色。

当然，语义选择并非任意而为，它必须以语言规范和翻译标准为依归。一方面，译者要遵循英语的词法、句法等语言规则，确保译文表达的准确性和地道性。另一方面，译者要坚持翻译的忠实性原则，既不能随意改变源语言文本的语义内涵，也不能过度依赖个人的主观臆断。在忠实与创造、规范与个性之间寻求平衡，是译者在语义选择中必须恪守的职业操守。

在当前全球化的时代背景下，英语作为一种国际通用语言，其词汇体系日益丰富和复杂化。新词新义层出不穷，文化交融不断深入，使得英语翻译中的语义选择面临着更多的机遇和挑战。译者唯有与时俱进，不断更新知识结构，提高语言运用能力，才能在纷繁复杂的语义网络中把握方向，做出正确选择。

（二）英语翻译中的语义组合

英语翻译中的语义组合涉及源语言和目标语言在词汇、句法、语用等多个层面的转换和重构。译者需要在深入理解源语言文本语义的基础上，根据目标语言的表达习惯和语言规范，对源语言文本的语义单元进行合理拆分、选择和组合，最终形成符合目标语言表达习惯、语义完整、结构通顺的译文。

语义组合的首要任务是明确源语言文本中各语义单元之间的逻辑关系。英语和汉语在语法结构、修辞手法等方面存在较大差异，直译往往会导致译文语义混乱、表达不通顺等问题。因此，译者需要运用英汉两种语言的对比分析方法，揭示源语言文本语义单元的内在联系，把握其逻辑线索。例如，英语中习惯使用长句和复杂从句，表达信息密集，逻辑严密。而汉语则偏好简洁明了的短句，强调意合和语境。面对英语长句，译者需要准确理解其中各语义成分的相互关系，合理断句，将其转换为符合汉语表达习惯的短句或者并列句。

在明晰源语言文本语义逻辑的基础上，译者还需要对源语言文本的语义单元进行合理选择和组合。受英汉两种语言在词汇、语法等方面差异的影响，源语言文本中的某些语义成分可能在目标语言中无法找到对应的表达，或者即使直译也会造成歧义、刻板、不通顺等问题。这就需要译者发挥创造性思维，灵活处理源语言文本语义。例如，英语中大量使用名词化结构，而汉语则偏好使用动词性短语。面对英语名词化结构，译者需要根据上下文语境，选择合适的动词，将其转化为汉语中自然、达意的动词性结构。这就需要译者在翻译过程中，根据具体语境和表达需要，将英语被动句转换为汉语主动句，使译文更加符合汉语的表达习惯。

此外，语义组合还需要兼顾目标语言的语用环境和文化背景。不同语言的使用者基于各自的文化传统、思维方式、价值取向等，形成了独特的语言表达方式和交际策略。译者必须充分考虑目标语言读者的文化背景、接受习惯和欣赏趣味，对源语言文本的语义内容进行适当调整，以达到跨文化交际的目的。例如，许多英语习语来源于希腊罗马神话、基督教文化的隐喻性表达，如果在翻译中直接套用字面意思，就可能造成目标语言读者的理解障碍。译者需要在传达源语言文本语义内涵的基础上，用目标语言文化中熟悉的表达方式替代源语言文化特有的隐喻，使译文更加贴近目标语言读者的文化背景，易于理解和接受。

值得注意的是，语义组合不是一蹴而就的，而是一个反复权衡、动态调整的过程。翻译既要追求忠实于源语言文本的语义内容，又要考虑译文的可读性和表达效果。在实际翻译中，译者往往需要在语义对等与语言顺畅之间寻求平衡，力求在最大限度地保留源语言文本语义的同时，使译文语言流畅自然，有较强的可读性。这就需要译者在语义组合的每一个环节，都兼顾源语言文本内容和译文表达，反复斟酌、不断修改，直至找到最佳的表达方式。

（三）英语翻译中的语义转换

语义转换涉及源语言和目标语言在语义层面的对应和转换。在英语翻译实践中，译者需要深入理解源语言文本的语义内涵，准确把握作者的意图，并在目标语言中找到最恰当的表达方式，实现语义的有效传递。这一过程不仅需要译者具备扎实的语言功底和丰富的文化知识，而且需要其发挥创造性思维和灵活处理语言的能力。

从认知语言学的视角来看，语义转换的实质是一种概念映射的过程。不同语言所承载的概念体系往往存在差异，这就要求译者在翻译过程中进行必要的概念重构。译者需要跳出母语的概念框架，深入理解源语言所蕴含的独特概念，并在目标语言中寻找相应的对应物。这种概念映射不是简单的一对一关系，而是一种复杂的认知过程。译者需要综合考虑语境、文化背景、修辞效果等多重因素，灵活调整翻译策略，实现动态对等的语义转换。

具体来说，英语翻译中的语义转换主要涉及词汇语义、句法语义和语篇语义三个层面。在词汇语义层面，译者需要辨析词义的多样性和模糊性，根据上下文选择最恰当的对应词。同时，还要注意词汇在不同文化中的独特内涵，避免因词不达意而导致译文偏离原意。在句法语义层面，译者要分析句子成分之间的逻辑关系，把握句子的深层语义结构。由于英语和汉语在句法结构上存在显著差异，译者往往需要进行必要的调整和重组，确保译文符合目标语言的表达习惯。在语篇语义层面，译者要从整体上把握文本的语义连贯性和一致性。要充分考虑语境对语义的制约作用，注重语篇衔接手段的恰当运用，使译文在语义上前后呼应、层次分明。

此外，英语翻译中的语义转换还需要兼顾语义的文化内涵。语言是文化的载体，蕴含着丰富的文化信息。在跨文化交际中，某些词汇和表达在不同文化中可能具有截然不同的内涵和象征意义。因此，译者在进行语义转换时，既要忠实源语言文本，又要照顾目标语言读者的文化背景和接受习惯。对于文化负载词、习语、典故等内容，译者要采取灵活的翻译策略，或直译或意译，或补充解释或删除冗余，力求在语义传递和文化沟通之间取得平衡。

四、英语翻译认知心理学

（一）英语翻译中的认知加工

翻译作为一项复杂的认知活动，涉及信息加工、策略选择、问题解决等多个认知层面。译者需要在理解源语言文本含义的基础上，利用已有的语言知识和翻译经验，通过一系列认知操作，构建起准确、通顺、得体的译文。这一过程对译者的认知能力提出了较高要求。

从信息加工的角度看，英语翻译中的认知加工主要包括语义理解、转换和重构三个阶段。在语义理解阶段，译者需要准确把握源语言文本的字面含义和言外之意，领会作者的写作意图和文本的语境语用特征。这需要译者具备扎实的语言基础知识和广博的百科知识，能够敏锐地捕捉词句间的逻辑关联，透过语言表象洞察深层内涵。同时，语义理解需要译者运用恰当的阅读策略，如预测、推理、归纳等，主动建构对源语言文本的理解框架。可以说，语义理解是翻译认知加工的基石，直接影响后续转换和重构的效果。

在转换阶段，译者需要在准确理解源语言文本的基础上，寻找恰当的表达方式，实现源语言到目标语言的转换。这一过程涉及语码转换、语篇重组、文化对比等多个层面。译者需要在两种语言之间灵活切换，充分考虑词汇选择、句法结构、语篇衔接等因素，力求在忠实源语言文本内容的同时，符合目标语言的表达习惯。同时，译者还需要对两种语言所承载的文化有深入理解，准确把握文化负载词的内涵，恰当处理文化差异，实现跨文化交际。可见，转换阶段对译者的语言能力、逻辑思维和文化修养都提出了更高要求。

重构阶段是翻译认知加工的最后一个环节，直接关乎译文的表现力和艺术感染力。在这一阶段，译者需要对转换后的译文进行反复斟酌、推敲，对词句、段落乃至全文进行精雕细琢，力求在行文流畅、语义准确的基础上，最大限度地再现源语言文本的艺术特色和审美价值。这就要求译者具备敏锐的语感和深厚的文学修养，能够挖掘语言的表现力，创造性地运用各种修辞手法，赋予译文以鲜明的个性和独特的魅力。可以说，重构是翻译创造性的集中体现，是译者语言运用能力和艺术修养的最佳呈现。

除了以上三个主要阶段，英语翻译中的认知加工还涉及诸多策略选择和问题解决。译者需要根据翻译任务的性质、目的、受众等因素，灵活选择翻译策略，如异化、归化、释义、转译等，以期达到最佳的翻译效果。同时，翻译过程中难免遇到语义模糊、文化差异、专业术语等问题，这就需要译者发挥聪明才智，通过查阅资料、请教专家、比较分析等方式寻求破解之道，不断优化认知加工的效率和质量。

（二）英语翻译中的心理表征

心理表征是指个体对外部世界的内在反映，是人脑对客观事物的主观映像。在英语翻译过程中，译者需要在头脑中构建源语言文本的心理表征，并在此基础上进行译文的生成。这一过程涉及语言理解、知识背景、思维方式等多个认知层面，对揭示英语翻译的本质和规律具有重要意义。

从语言理解的角度来看，构建准确、全面的源语言文本心理表征是翻译的前提和基础。译者首先需要通过视觉或听觉通道接收源语言文本信息，在大脑中激活相应的语言知识（包括词汇、语法、语用等方面）。同时，译者需要利用自身的百科知识、文化背景等，对源语言文本的字里行间进行推理和解读，揭示其深层含义。只有建立起对源语言文本全方位、立体化的理解，才能为后续的翻译工作奠定坚实基础。

从知识背景的角度来看，译者的知识储备和经验积累在很大程度上影响着源语言文本心理表征的构建。译者知识背景越丰富，对相关领域的了解越深入，就越能准确把握源语言文本的内容和意图。反之，如果译者对源语言文本所涉及的知识领域缺乏了解，就难以形成全面、到位的心理表征，进而影响翻译质量。因此，扩充知识面、加强经验积累，是提升英语翻译能力的重要途径。

从思维方式的角度来看，中西方语言的差异实质上反映了不同民族的思维方式差异。英语属于形合语言，强调结构、逻辑和形式；而汉语属于意合语言，注重意境、韵律和内涵。这种差异必然反映在语言表达中，并影响译者构建源语言文本心理表征的过程。如果译者受思维定式的影响，用汉语的思维方式去理解英语，就可能出现误读、误解的情况。只有转换思维方式，学会用英语的逻辑去思考问题，才能真正读懂英语文本的内在意蕴。

此外，构建源语言文本的心理表征只是翻译过程的第一步，译者还需要在此基础上设计翻译策略，生成符合目标语言表达习惯的译文。这一过程同样涉及复杂的认知心理活动（如信息加工、注意分配、决策选择等）。译者需要在头脑中权衡源语言文本和目标语言表达之间的异同，选择恰当的翻译技巧，实现形式和内容的协调统一。这对译者的语言运用能力、逻辑思辨能力提出了较高要求。

（三）英语翻译中的决策过程

英语翻译中的决策过程是一个复杂而精妙的认知活动，涉及语言、文化、思维等多个层面。译者在翻译过程中需要不断权衡利弊，在多个可能的翻译方案中做出最佳选择。这一决策过程不仅考验译者的语言能力和知识储备，而且考验其分析问题、解决问题的综合素质。

从认知心理学的角度来看，翻译决策是一个信息加工的过程。译者首先要理解源语言文本的字面意思和深层含义，在头脑中建立起对源语言文本的心理表征。这一过程涉及语言知识的激活、词汇和句法的分析、语义和语用的理解等多个环节。在此基础上，译者还要根据翻译的目的和受众，选择恰当的翻译策略，重新组织源语言文本的意义，用另一种语言进行表达。在这一过程中，译者需要在诸多因素之间进行权衡，如语义对等、语体风格、文化差异等，以做出最优的翻译决策。

认知心理学研究结果表明，专家译者和初学者在翻译决策过程中存在显著差异。专家译者通常拥有更丰富的知识储备和更娴熟的翻译技巧，能够自动地完成许多低层次的认知操作（如词汇检索、句法分析等）。这使得他们能够将更多的认知资源用于高层次的任务（如语义理解、语篇分析、翻译策略选择等）。专家译者在进行翻译决策时，往往能够综合考虑更多的因素，做出更加准确、得体的判断。相比之下，初学者由于知识和经验的不足，在翻译决策过程中常常表现得不够自如，难以全面权衡各种因素，容易做出片面、武断的判断。

此外，翻译决策还受到译者认知风格的影响。不同的译者在信息加工方式、问题解决策略等方面存在个体差异，这些差异会导致他们在面对同一源语言文本时做出不同的翻译决策。例如，有的译者偏重形式对等，力求在句法结构、修辞手法等方面与源语言文本保持一致；有的译者则更看重内容对等，注重传达源语言文本的意义和精神，在形式上可以做较大调整。这些差异一方面反映了译者个人的认知特点，另一方面也与其所接受的翻译训练、翻译目的等因素密切相关。

翻译教学应该重视培养学生的决策意识和能力。教师要引导学生系统掌握语言知识和翻译技能，夯实翻译决策的基础。同时，还要通过对比分析优秀译文，总结翻译决策的一般规律和原则，提高学生评判翻译质量的能力。教师还应该为学生创设丰富的实践机会，让其在实际翻译任务中体验决策过程，积累经验。只有循序渐进地培养学生的翻译决策意识和能力，才能帮助其逐步成长为优秀的专业译者。

第二节　语料库翻译理论

一、语料库的概念

（一）语料库的定义

语料库指经过抽样、加工整理、以电子化形式存储的大规模语言样本库。它通过收集、整理特定领域、场合或语体的语言材料，力求全面、客观地反映语言的实际使用情况。语料库的出现标志着语言研究由依赖语感和内省转向依赖真实语料，由定性描写转向定量分析，实现了语言研究的一次重大飞跃。

语料库的定义虽然存在一定差异，但大多数学者都强调了以下几个要点：第一，语料库由真实的语言使用材料构成。语料来源于自然语境，反映语言的实际使用，而非语言学家的内省和语感。第二，语料库具有一定的规模。只有达到一定的数量级，才能较为全面地反映语言的多样性，获得统计意义上的结果。第三，语料库经过抽样和加工整理。语料的选取遵循一定的抽样原则，以确保其代表性；同时，语料要经过分类、标注等加工处理，以便检索和统计。第四，语料库以电子化的形式存储。这为语料的快速检索、定量分析提供了便利，也为语料的共享和研究的重复验证创造了条件。

（二）语料库的分类

总体而言，语料库可以根据语料来源、语言类型、标注信息等维度进行划分。

按照语料来源，语料库可分为书面语语料库和口语语料库两大类。书面语语料库收集的是各类书面文本（如小说、报刊、法律文件等），反映了书面语言的使用特点。口语语料库则收录了真实的口头交流材料（如日常对话、演讲、会议记录等），展现了口语表达的实际情况。这两类语料库相辅相成，为研究书面语和口语的异同提供了丰富的语言事实。

根据收录的语言类型，语料库可分为单语语料库、双语语料库和多语语料库。单语语料库只包含一种语言的语料，是研究该语言特点的重要资源。双语语料库和多语语料库则平行收录了两种或多种语言的可比语料，为对比研究和翻译研究提供了便利。例如，汉英双语语料库收集了汉语源语言文本及其英语译文，通过对比分析，可以揭示两种语言在词汇、句法、语篇等层面的异同，探讨翻译过程中的规律。

按照标注信息的有无和类型，语料库可分为未标注语料库、词性标注语料库、句法标注语料库、语义标注语料库等。未标注语料库只包含原始的语言材料，没有进行任何语言学标注。词性标注语料库在原始语料的基础上标注了每个词的词性信息，如名词、动词、形容词等。句法标注语料库进一步标注了语料中词与词之间的句法关系，揭示了句子的结构层次。语义标注语料库则在词汇和句子的基础上标注了语义角色、语义关系等信息。不同类型的标注语料库为语言研究提供了不同层次、不同视角的语言知识，大大提高了语料库的应用价值。

此外，语料库还可以根据规模大小、收录时间、语体风格等特征进行分类。按照规模可分为大型语料库和小型语料库；按照收录时间可分为共时语料库和历时语料库；按照语体风格可分为通用语料库和专门用途语料库，等等。这些分类反映了语料库在内容、时间、风格等方面的多样性特点，能够满足不同研究目的对语料的多元化需求。

（三）语料库的特征

语料库最本质的特征是真实性，即语料来源于真实的语言使用情境（如日常对话、书面文献、广播电视等）。与人为编纂的语言材料不同，语料库忠实地记录了语言在实际运用中的面貌（包括词汇选择、语法结构、语篇组织等）。正是语料的真实性，为研究者提供了观察和分析语言运行规律的可靠依据。

语料库的第二个重要特征是大规模性。得益于计算机处理能力的飞速发展，现代语料库的规模不断扩大，动辄数亿字节。海量的语料为研究提供了前所未有的数据支撑，使得对语言现象的考察能够建立在更加广泛、更加充分的事实基础之上。同时，大规模语料库的出现也为计量分析、统计建模等定量研究方法的应用创造了条件，极大地推动了语言研究的科学化和精确化。

标注性是现代语料库的又一显著特征。传统的语料库多为纸质版本，检索和分析效率低下。而电子语料库借助计算机技术，实现了语料的快速检索、提取和加工，大大提高了语料利用的便捷性。此外，对语料进行词性、句法、语义等多层面的标注，能够为研究者揭示语言单位之间的精细关系，是深入开展语言研究的重要前提。标注语料库已成为计算机辅助语言研究的重要基础设施。

平衡性和代表性是语料库构建所追求的基本原则。理想的语料库应涵盖不同体裁、不同风格、不同领域的语言材料，全面反映语言的多样性。这就要求在语料采集过程中，兼顾语篇类型、话题领域、作者背景等各个维度，力求在总体上对目标语言母体形成均衡、同比例的缩影。只有这样，基于语料库所得出的研究结论才具有普遍意义上的代表性和可推广性。

二、语料库在英语翻译中的应用

（一）平行语料库在英语翻译中的应用

平行语料库由源语言文本及其对应的目标语言译文构成，通过对源语言和目标语言文本的分析，能够揭示两种语言在词汇、句法、语篇等层面的对应关系和翻译规律。利用平行语料库进行英语翻译研究，可以从实证的角度验证现有的翻译理论和策略，发现新的翻译现象和问题，推动翻译研究的发展。

在英语翻译教学中，平行语料库是一种宝贵的教学资源。教师可以从平行语料库中精选典型的翻译案例，设计各种翻译任务和练习，引导学生观察、分析源语言和目标语言的异同，总结翻译技巧和方法。学生通过对平行语料的学习和模仿，能够更直观地理解翻译的原理和规律，提高翻译技能和素养。例如，教师可以利用汉英平行语料库设计词汇翻译练习，要求学生观察汉语词语在不同语境中的英语翻译，归纳词语翻译的一般规律和特殊情况。又如，教师可以选取英语和汉语在语序、语态等方面差异较大的平行语料，引导学生分析两种语言的表达习惯，掌握灵活的翻译技巧。

在英语翻译实践中，平行语料库是翻译工作者的得力助手。翻译人员可以利用平行语料库快速检索某个词语、短语或句式的常见翻译，借鉴其他译者的经验和做法，提高翻译效率和质量。特别是在涉及专业领域的翻译任务中，专门的领域平行语料库能够为译者提供规范、准确的术语对应和表达方式，确保译文的专业性和可读性。

随着自然语言处理技术的发展，平行语料库在机器翻译中的应用日益广泛。海量的平行语料为机器翻译系统的训练和优化提供了数据支撑。通过对平行语料库的挖掘和学习，机器翻译系统能够更好地处理源语言和目标语言之间的转换关系，提高翻译的覆盖度和准确性。同时，人工翻译与机器翻译的结合也是平行语料库应用的重要方向。译者可以利用机器翻译生成初译，再参考平行语料库中的优秀译例进行校订和优化，既能发挥机器翻译的效率优势，又能保证译文的质量和风格。

（二）可比语料库在英语翻译中的应用

与平行语料库不同，可比语料库由两种或多种语言的相似文本构成，这些文本在主题、体裁、风格等方面具有可比性，但并非彼此的翻译。通过对可比语料库的研究，能够挖掘不同语言在表达同一概念时的异同，洞察各自语言的特点和规律，从而为英语翻译实践提供有益启示。

从词汇层面来看，可比语料库能够揭示英汉两种语言在表达同一概念时词汇选择的差异。例如，通过对英汉科普文本的可比语料库研究，我们发现英语在表达“黑洞”这一概念时常用“black hole”一词，而汉语则更倾向于使用“黑洞”或“引力奇点”等说法。这种差异反映了英汉语言在词汇选择上的文化偏好和表达习惯，提醒译者在翻译科普文章时要充分考虑目标语言读者的接受能力，必要时对源语言文本的表述进行调整。

从句法层面来看，可比语料库有助于挖掘英汉两种语言在句法结构上的异同。通过对英汉新闻文本的可比语料库分析，可以发现汉语新闻标题常采用“短语＋补语”的结构（如“中美元首会晤圆满落幕”），而英语新闻标题则多用“主语＋谓语＋宾语”的完整句式（如“China-U.S. presidential meeting concludes successfully”）。这一发现提示译者在翻译新闻标题时，不应照搬源语言文本句式，而应根据目标语言的表达习惯进行灵活调整，以符合目标语言读者的阅读期待。

可比语料库在语篇层面的对比研究，能够揭示不同语言在语篇组织和衔接方面的差异。以英汉学术论文摘要为例，通过对可比语料库的考察，发现英语摘要常采用线性推进的方式，围绕核心论点层层展开；而汉语摘要则更加重视背景铺垫和观点总结，论证过程相对隐晦。这种差异折射出英汉语言在思维方式和语篇组织模式上的分歧，启发译者在翻译学术论文摘要时，要根据目标语言语篇规范对源语言文本进行适当调整，以满足目标语言读者的接受习惯。

此外，可比语料库还为机器翻译和计算机辅助翻译系统的研发提供了重要支撑。通过对可比语料库的自动对齐和模式挖掘，能够获取大规模的翻译知识（包括双语词汇对应、句法结构映射、语篇组织模式等），这些知识可用于改进机器翻译算法，提升翻译系统的性能。同时，可比语料库能为计算机辅助翻译工具的开发提供数据支持，帮助译者快速检索双语对应表达，提高翻译效率和质量。

（三）单语语料库在英语翻译中的应用

与传统的双语平行语料库和多语可比语料库不同，单语语料库只包含一种语言的语料，因而能够更准确地反映该语言的内在规律和特点。在英语翻译领域，运用单语语料库能够有效提升译文的地道性和可读性，实现对源语言文本意义的准确传达。

具体而言，利用英语单语语料库可以解决英语翻译中的诸多问题。首先，通过对语料库中海量真实语言材料的分析，译者能够全面了解英语的词汇、句法、语篇等方面的特点，掌握地道的表达方式。这对于翻译过程中词汇选择、句式结构安排至关重要。譬如，依托英语单语语料库统计数据，译者可以挖掘出英语中搭配频率最高的搭配模式，规避一些由母语思维定式影响而产生的不符合英语习惯的表达。

其次，英语单语语料库为译者研究英语文体特点提供了可靠依据。不同体裁、不同语域的英语在用词、句式等方面往往存在显著差异。通过对特定语料子库的考察，译者能够把握相应文本类型的语言风格，从而在翻译实践中依据源语言文本文本类型灵活调整译文的语言风格，做到内容和形式的统一。

再次，英语单语语料库还能为翻译过程中遇到的疑难问题提供解决思路。译者可以利用语料库的检索功能，快速查找某个词语或句式在真实语境中的使用情况，了解其语义韵律、语用限制等，进而做出恰当的翻译选择。这种基于语料实证的翻译策略无疑更具说服力和科学性。

最后，英语单语语料库在翻译教学和翻译能力评估方面也有广阔的应用前景。教师可以从语料库中选取典型的语言现象设计教学案例，引导学生通过真实语料观察和分析掌握英语的特点，提高语言应用能力。对于学生的翻译作业，教师也可借助语料库进行查错、改错，客观评价学生的翻译水平。

三、语料库翻译的优势

（一）为翻译实践提供坚实的理论支撑和方法指导

语料库作为一种庞大的电子文本资源库，为译者提供了海量的语言材料和使用实例，极大地拓展了译者对语言的认知视野。通过对语料库中双语对应文本的对比分析，译者能够深入洞察不同语言在词汇、句法、语用等层面的异同，把握其中蕴含的语言规律和表达习惯。这种基于真实语言数据的探索和总结，能够有效提升译者对源语言和目标语言的理解力，增强其在翻译过程中的语言驾驭能力。

语料库以其规模效应和多样性特征，为译者在翻译实践中遇到的各种语言现象提供了丰富的参照实例。面对复杂多变的翻译任务，译者可以从语料库中快速检索、筛选出与译文语境相匹配的语言单位，借鉴前人的成功经验，规避常见的翻译错误。这种对优秀翻译案例的学习和模仿，不仅能够提高译文的地道性和可读性，更能激发译者的创造性思维，促使其在传统经验的基础上不断创新，以更加灵活、多元的方式传递源语言文本信息。语料库还为译者提供了广阔的探索空间，使其能够发现和总结语言使用的新趋势、新特点，及时调整和优化翻译策略，紧跟语言发展的时代步伐。

此外，语料库翻译理论还为翻译教学和翻译能力培养开辟了新的路径。传统的翻译教学往往以教师的经验阐释和学生的模仿训练为主，较少关注语言使用的客观实际。而语料库为翻译教学引入了真实、丰富的语言材料，为学生提供了直观、立体的语言学习情境。教师可以引导学生利用语料库资源，自主分析源语言和目标语言的差异，探索行之有效的翻译技巧，在实践中积累翻译经验。这种以学生为中心、强调自主探索的教学模式，能够充分调动学生学习的主动性和创造性，提升其分析问题、解决问题的能力，为其未来从事翻译工作奠定了坚实基础。

语料库翻译理论的兴起和发展，标志着翻译研究范式的重大革新。它打破了传统翻译理论对译者个人经验和直觉的过度依赖，转而强调对客观语言事实的考察和归纳，为翻译实践提供了更加科学、严谨的理论指导。在数字时代背景下，语料库资源日益丰富，使用日益便捷，必将在机器翻译、翻译质量评估、翻译工具开发等领域发挥越来越重要的作用。深入推进语料库翻译理论研究，创新语料库翻译应用模式，对于提升翻译效率、优化翻译质量、培养高素质翻译人才具有重要意义。这既是顺应时代发展的必然要求，也是推动翻译事业繁荣发展的必由之路。

（二）提供客观、真实的语言数据

语料库作为一种重要的语言资源，能够为英语翻译研究和实践提供客观、真实的语言数据，极大地促进了语料库翻译理论的发展。与传统的基于语感和直觉的翻译方法相比，语料库翻译理论强调根据语料库中的真实语言材料，采用定量分析与定性研究相结合的方法，揭示源语言和目标语言之间的对应规律，从而指导翻译实践。这种以语料为依托、以数据为支撑的研究范式，使得翻译研究更加客观、科学、系统。

语料库翻译理论的一大优势在于，它能够充分利用语料库提供的海量语言数据，对源语言和目标语言进行全面、细致的对比分析。通过考察语料库中的词汇、句法、语篇等各个层面的语言现象，研究者能够揭示两种语言在微观和宏观层面的异同，发现翻译过程中的规律性对应。例如，通过对平行语料库的研究，可以总结特定语境下源语言和目标语言的对应模式，探讨不同翻译策略的效果；通过对可比语料库的考察，则能揭示同一语言在不同语域、语体中的表现差异，进而指导如何根据翻译目的选择恰当的表达方式。这些基于语料库数据的研究成果，无疑为翻译实践提供了更加科学、精准的理论指导。

同时，语料库翻译理论还为翻译研究提供了新的视角和方法。传统的翻译研究往往侧重于对个别翻译作品或者翻译现象的定性分析，而语料库翻译理论则强调运用定量分析的方法，通过数据挖掘和统计分析，揭示翻译过程和结果的一般规律。这种研究范式的转变，使得翻译研究更加重视实证数据的支撑，更加注重研究结论的普遍适用性。通过考察大规模语料库中的翻译现象，研究者能够总结出翻译共性，构建出更具解释力和预测力的翻译理论模型，从而推动了整个翻译研究领域的科学化、规范化发展。

此外，语料库翻译理论还为翻译教学和翻译工具的开发提供了重要支撑。教师可以利用语料库资源，精选典型的翻译案例，设计基于真实语料的翻译练习，帮助学生加深对翻译规律的理解，提高翻译技能。同时，语料库数据可用于开发更加智能化的翻译辅助工具（如翻译记忆系统、术语管理系统等）。这些工具能够根据语料库中的翻译实例，为译者提供参考译文、术语对应等信息，大大提高了翻译效率和质量。

语料库翻译理论充分利用了语料库提供的客观语言数据，采用定量与定性相结合的研究方法，极大地推动了翻译研究的科学化、规范化发展。它不仅为翻译实践提供了更加精准、有效的理论指导，也为翻译教学和翻译工具的开发提供了重要支撑。在大数据时代，语料库翻译理论必将进一步彰显其独特优势，引领翻译学科的发展方向。

（三）提升英语翻译效率

传统的英语翻译过程往往依赖译者个人的语言素养和翻译经验，存在主观性强、效率低下等问题。而语料库翻译则利用大规模双语或多语语料，结合统计学和计算机技术，实现了翻译过程的自动化和智能化，大大提高了翻译效率。

首先，语料库为英语翻译提供了海量的双语语料支撑。通过对大规模双语语料的挖掘和分析，可以发现不同语言之间的对应规律和翻译模式，形成翻译知识库。这些知识可以指导译者快速、准确地进行翻译实践，减少试错成本，提高翻译效率。同时，语料库能为机器翻译系统训练提供数据支持，帮助其不断完善翻译算法和优化翻译结果，进一步提升翻译自动化水平。

其次，语料库驱动的翻译模式能够显著提高译文质量和翻译效率。传统翻译方法主要依靠译者的语言直觉和经验积累，难以保证译文质量的一致性和稳定性。而基于语料库的翻译模式则充分利用真实语料，遵循语言使用的客观规律，能够生成地道、准确的译文。同时，语料库能为译者提供丰富的参考资源（如双语术语库、句型模板库等），帮助译者快速找到合适的表达方式，减少语言障碍，提高翻译效率。

再次，语料库翻译有利于实现翻译过程的质量监控和评估。通过对语料库中译文的质量分析，可以发现翻译过程中存在的共性问题，总结提高翻译质量的有效策略。同时，语料库能为翻译质量评估提供客观依据（如通过计算译文与语料库中优质译文的相似度，判断译文质量的高低）。这些手段都有助于翻译过程的质量把控，确保译文的准确性和可读性，从而提升整体翻译效率。

最后，语料库翻译为译者的专业发展提供了新的机遇。随着语料库资源的日益丰富和翻译技术的不断进步，译者需要积极适应这一变革，主动学习语料库分析和应用技能。通过挖掘语料库中蕴含的语言知识和翻译策略，译者能够拓宽自身的知识视野，提升语言驾驭能力，实现从经验型向知识型的角色转变。这不仅有利于译者个人的职业发展，也为翻译行业培养了一批高素质的复合型人才。

四、语料库驱动的英语翻译模式

（一）语料库驱动的英语翻译流程

语料库驱动的英语翻译充分利用语料库提供的海量双语文本资源，通过系统化的分析和挖掘，实现高效、精准的翻译。这一流程突破了传统翻译模式的局限，为译者开辟了全新的视野和思路。

在语料库驱动的翻译流程中，译前准备阶段至关重要。译者需要根据翻译任务的需求，选择合适的语料库资源。通用语料库可以为译者提供语言使用的基本规律和特点，而专业领域语料库则有助于把握特定行业的术语、惯例表达等。因此，译者应当根据文本类型和翻译目的，有针对性地选用语料库，为后续翻译奠定坚实基础。

语料库检索是语料库驱动翻译流程的核心环节。借助语料库检索工具，译者可以快速查找到与源语言文本相似的语境、句型和表达方式，这不仅能够提高翻译效率，而且有助于保证译文的地道、准确。在检索过程中，译者应当灵活运用各种检索策略（如关键词检索、模式匹配等），充分挖掘语料库的潜力。同时，译者需要对检索结果进行认真筛选和比对，选取最为恰当、得体的表达方式，力求达到信、达、雅的翻译标准。

语料库驱动的翻译流程还强调译后编辑和质量控制。在完成初步翻译后，译者应当再次借助语料库资源，对译文进行反复修订和润色。通过与语料库中的优秀译文进行对比，译者可以发现并改正译文中存在的问题（如用词不当、语序不顺等）。此外，译者还可以利用双语对齐语料库，对照源语言文本和译文，检查译文是否准确传达了源语言文本的意思，是否存在漏译、误译等问题。经过细致、全面的译后编辑，方能确保译文质量达到最佳。

（二）语料库驱动的英语翻译效果评估

语料库驱动的英语翻译需要从多个维度对翻译质量进行全面考量。传统的人工评估方法虽然直观，但存在主观性强、评估效率低等局限。随着语料库语言学的发展，基于真实语料的翻译效果评估逐渐成为主流。通过对语料库中已有的高质量人工翻译成果进行统计分析，可以总结出一套科学、客观的翻译质量评估指标体系。

首先，词汇选择的准确性和得体性是衡量英语翻译效果的重要标准。优秀的翻译应该能够根据语境和语域，选用恰当的词汇来表达源语言文本意思。通过对双语平行语料库进行词频统计和搭配分析，可以发现不同语境下的高频词和常用搭配，为译者提供可靠的参考。例如，“take measures”这一短语在政治语境中出现频率很高，因此在相关领域的翻译中应优先考虑使用。

其次，语法结构的正确性和地道性也是评判英语翻译质量的关键因素。英语和汉语在语法规则上存在诸多差异，直译往往会造成语法错误或表达不自然。

通过对语料库中语法结构进行统计和对比，可以总结出英语表达的惯用法，避免中式英语的问题。

再次，语篇衔接的连贯性和逻辑性是保证英语翻译质量的必要条件。好的翻译不仅要忠实源语言文本，还要符合目标语言的语篇组织规则。通过对语料库中语篇标注信息进行分析，可以总结出不同语类的语篇结构特征，把握英语语篇衔接的规律。例如，英语学术论文通常采用“总—分—总”的结构，译文也应遵循这一逻辑顺序，使用恰当的衔接手段，增强文章的连贯性。

最后，翻译的内容达意度和交互效果也是评估质量的重要参考。好的翻译应充分考虑目标语言读者的认知背景，使译文内容易于理解和接受。基于语料库的翻译效果评估，可以对译文的可读性和交互性进行定量分析，如统计译文的平均句长、生词率等指标，判断其对读者的友好程度。同时，综合考虑译文在实际交互中的反馈效果（如读者的理解程度、情感反应等），对翻译质量做出更全面的评判。

此外，语料库驱动的翻译效果评估还有利于翻译质量的动态监控和持续提升。通过对语料库中的译文数据进行实时更新和分析，可以及时发现翻译过程中出现的质量问题，并针对性地提出改进措施。同时，随着优质译文数据的不断积累，评估指标体系也将更加完善和精准，为翻译实践提供更有力的支持和指导。

第三节　功能翻译理论

一、功能翻译理论的基本观点

（一）目的论观

功能翻译理论以目的论为基本出发点，强调翻译活动应以实现特定的交际目的为最高准则。这一理论观点从根本上颠覆了传统的“源语言文本至上”“对等翻译”等思想，将译文的功能效果置于首位，为翻译实践提供了全新的理论视角。

在功能翻译理论看来，一部译作能否成功，关键在于它能否在目标语言环境中发挥预期的功能，实现与源语言文本相似的交际效果。换言之，译者需要根据翻译的目的，灵活运用各种翻译策略，对源语言文本内容进行适当的取舍、重组和改写，使译文能够适应目标语言读者的接受能力和欣赏习惯。这就要求译者不仅要精通源语言文本和译文两种语言，还要深入了解两种文化的差异，掌握目标语言读者的文化背景知识和欣赏期待。只有这样，才能创造出真正“畅销”的译本，实现跨文化交际的最终目的。

以文学翻译为例，功能翻译理论为译者提供了更加开放、自由的翻译空间。与传统的“忠实”观念不同，功能翻译理论并不要求译文逐字逐句对应源语言文本，而是强调译作整体功能的实现。这就允许译者根据目标语言读者的欣赏习惯，对原作进行必要的改写和再创造。譬如，在翻译幽默作品时，译者可以用目标语言文化中的笑料替代源语言文本的笑料，以达到相同的幽默效果；在翻译诗歌时，译者可以打破原有的韵律和节奏，采用更适合目标语言的表现形式，以再现原诗的意境和美感。这些翻译策略虽然偏离了源语言文本的表层结构，但却更好地实现了译作的审美功能和文化功能，从而拉近了作品与读者之间的距离。

需要指出的是，功能翻译理论并非提倡译者对源语言文本随意篡改、删减，而是要求译者在忠实原意的基础上，发挥主观能动性，创造性地再现原作的内容和风格。这就要求译者具备扎实的语言功底、广博的文化知识和敏锐的文学洞察力。唯有如此，才能在充分理解原作的前提下，用地道、优美的译文语言，为读者呈现一部经得起推敲的精品译作。

功能翻译理论从翻译目的出发，强调译者主体性和创造性的发挥，为翻译实践开辟了广阔的理论空间。在这一理论的指导下，译者应立足翻译的功能，发挥语言和文化优势，采取灵活多样的翻译策略，力求创造出与原作在思想内容、艺术风格等方面相对等的译文，以最大限度地实现跨语言、跨文化交际的目的。只有不断探索、实践功能翻译理论，才能推动翻译事业的蓬勃发展，架起中外文化交流的桥梁。

（二）语篇分析观

在功能翻译理论看来，任何一篇文本都是语篇，都具有特定的语境、功能和目的。译者只有通过对源语言篇的深入分析，才能准确把握其语篇功能，进而采取恰当的翻译策略，实现译文在目标语言中的对等再现。

具体而言，语篇分析主要包括情景语境分析、主位结构分析和衔接手段分析三个层面。情景语境分析要求译者综合考虑文本的语场、语旨和语式等因素，判断文本在交际中的功能和目的。例如，一篇科普文章的语场通常是科学技术领域，语旨是向大众传播科学知识，语式则以说明、解释为主。译者只有准确把握这些语境因素，才能选择恰当的翻译方法，使译文在目标语言中发挥同样的交际功能。

主位结构分析则关注语篇的信息结构和逻辑关系。每一篇文本都有其独特的主位结构，体现了信息的重要程度和逻辑走向。译者需要通过分析主位结构，把握文本的重心和论证脉络，在翻译中适当调整词序、句序，使译文符合目标语言的表达习惯。同时，译者要注意保持译文主位结构的连贯性，避免出现信息断裂或逻辑混乱的问题。

衔接手段分析则着眼于语篇的表层结构，考察词汇衔接、语法衔接等手段在构建语篇连贯性中的作用。通过分析源语言篇的衔接手段，译者可以洞悉作者的写作策略和语言风格，在翻译中灵活运用目标语言的衔接资源，营造与源语言文本相似的语篇效果。例如，在翻译一篇议论文时，译者可以通过增加关联词、调整句子结构等方式，强化译文的逻辑性和说服力。

需要指出的是，语篇分析并非孤立的步骤，而是与整个翻译过程紧密相连的。在实际翻译中，译者往往需要在语篇分析的基础上，结合具体的翻译目的和读者需求，灵活调整翻译策略。例如，在翻译一部科幻小说时，译者除了要分析小说的情景语境、主位结构和衔接手段外，还要考虑目标语言读者的阅读期待和文化背景，适当调整译文的语言风格和文化内涵，以达到更好的交际效果。

（三）交际对等观

功能翻译理论的交际对等观以实现译文和源语言文本在交际功能上的等值为目标，强调译文在目标语言语境中的可接受性。这一理念突破了传统对等理论局限于语言形式对比的窠臼，将视角拓展至更为广阔的社会文化语境。在功能翻译理论看来，一篇成功的译文应该能够在目标语言文化中发挥与源语言文本相似的交际功能，产生与源语言文本类似的交际效果。译者需要根据目标语言读者的期待和接受能力，灵活调整翻译策略，在形式、内容和风格上做出适当取舍，以使译文符合目标语言文化规范，实现与源语言文本的功能对等。

这一理念对英语翻译实践具有重要的指导意义。在英语文学翻译中，译者不能拘泥于源语言文本表面的语言形式，而应深入挖掘作品的内在意蕴，用目标语言读者熟悉的表达方式再现原作的艺术魅力。同时，译者需要考虑原作在源语言文化中的地位和影响，权衡异化和归化策略的运用，在忠实源语言文本内容和迎合读者期待之间寻求平衡。例如，在翻译英美现代主义文学作品时，译者既要尊重作品独特的叙事视角和意识流手法，又要照顾中国读者的阅读习惯和审美情趣，适当调整句式结构和意象表达，以达到雅俗共赏的艺术效果。

在科技英语翻译领域，功能对等理论同样具有重要价值。科技文献的首要功能是传递信息，其次才是语言形式的优美。因此，科技英语翻译应以准确、清晰地再现源语言文本信息为第一要务，同时力求译文文体格调与源语言文本相近。在术语翻译上，要充分考虑目标语言学科共同体的习惯用语，灵活借鉴和吸收已有的成熟译法，必要时可以创造新词以准确表达源语言文本概念。对于源语言文本中的科技文化负载词，译者要深入了解其在源语言文化中的内涵，通过意译、注释等方式帮助目标语言读者准确理解。总之，科技英语翻译要在忠实源语言文本信息的基础上，充分发挥译者的主动性和创造性，使译文在目标语言语境中发挥应有的交际功能。

商务英语作为一种应用文体，其翻译的首要任务是实现特定的商务交际目的。因此，商务英语翻译必须紧紧围绕交际功能这一中心，在语域、语用和文化层面实现对等。译者需要对商务活动的流程、惯例有深入了解，熟悉商务语言的语体风格和语域特征，根据商务文本的类型和功能灵活选择翻译策略。例如，在翻译商务信函时，要注重语域对等，使用得体的称谓、问候语和祝颂语，恰当运用礼貌策略，营造友好、诚挚的语气；在翻译合同条款时，要准确理解法律概念，严谨使用术语，确保译文表述清晰、无歧义；在宣传推广材料翻译中，要突出产品卖点，用生动、亲切的语言吸引消费者，激发其购买欲望。总之，商务英语翻译要立足交际目的，在对等的基础上灵活处理，才能真正发挥其在国际商务活动中的润滑剂和桥梁作用。

二、功能翻译理论在英语文学翻译中的应用

（一）功能对等理论指导下的文学翻译

所谓功能对等，是指译文在目标语言语境中的功能应与源语言文本在源语言语境中的功能相对应。换言之，译者应根据翻译目的和受众需求，灵活调整翻译策略，力求在译文中再现源语言文本的交际功能和艺术效果。

在文学翻译中，功能对等理论有助于译者跳出源语言文本的语言形式束缚，

更加关注译文的接受效果和美学价值。文学作品往往蕴含丰富的文化内涵、思想情感和艺术手法，其语言形式与内容密不可分。如果译者拘泥于源语言文本的字面意思和句法结构，往往难以传达原作的深层含义和艺术魅力。而功能对等理论则鼓励译者从整体角度把握源语言文本的主题思想、情感基调和艺术特色，并在目标语言中寻求最佳表达方式，以期达到与源语言文本相似的交际效果和艺术感染力。具体而言，在文学翻译实践中运用功能对等理论，译者需要重点考虑以下几个方面。

首先，要深入分析源语言文本的文体特征和艺术手法。文学作品常常运用比喻、隐喻、夸张、象征等修辞手段，营造独特的艺术氛围和美学效果。译者要透过语言表象，洞悉这些手法的内在机制和表现功能，并在译文中加以恰当再现。例如，在翻译诗歌时，译者不仅要关注诗歌的意象、韵律、节奏等形式要素，而且要领会其抒情方式、情感基调等内容要素，力求在译文中传达原诗的艺术魅力和美学旨趣。

其次，要充分考虑目标语言读者的接受能力和欣赏习惯。由于语言文化差异，源语言文本中某些表达方式可能难以为目标语言读者所理解和接受。此时，译者就需要进行必要的归化处理，使译文更加符合目标语言的表达习惯和审美情趣。同时，译者应该在译文中适当补充背景知识，帮助读者跨越文化障碍，更好地领会原作的思想内涵和艺术价值。当然，归化处理也要把握分寸，避免过度改写而失去原作风貌。

再次，要注重译文的整体协调与艺术感染力。文学翻译不是简单的语言转换，而是一种跨文化的审美再创造。译者要在忠实源语言文本内容的基础上，发挥自身的文学修养和语言才华，精心雕琢译文的字句，力求在行文中体现原作的艺术风格和美学品位。优秀的文学译作不仅能够准确传达原作的思想内容，更能在目标语言中焕发独特的艺术魅力，给读者以美的享受和心灵震撼。

最后，要兼顾翻译的伦理道德问题。文学作品往往承载着作家的价值观念和人生态度。译者在翻译过程中，要尊重原作者的思想倾向和创作意图，避免主观臆断和曲解。同时，译者应恪守翻译职业道德，坚持诚实守信的原则，不得随意篡改或歪曲源语言文本内容。只有在道德伦理的基础上追求功能对等，才能真正实现文学翻译的使命，促进不同国家和民族之间的文化交流。

从宏观层面看，功能对等理论为文学翻译实践指明了方向，突出强调译者主体性、目的性和读者接受度等因素，有助于推动翻译观念和方法的革新。在新时代背景下，文学翻译肩负着文化传播、审美教育、价值引领等多重任务。

译者要立足本土语境，放眼全球视野，用功能对等的翻译理念和策略，架起中外文学交流的桥梁，为人类文明进步贡献智慧和力量。

功能对等理论的提出和应用，标志着文学翻译研究进入了一个新的阶段。它打破了传统的“忠实”观念和语言中心主义倾向，强调翻译活动中译者、读者、社会文化语境等多元因素的互动，凸显了文学翻译的创造性和独特价值。同时，功能对等理论为文学翻译实践提供了更加科学、系统的指导，有助于译者在动态多变的目标语言语境中做出恰当选择，创造出兼具审美价值和传播效果的译作。

（二）目的论视角下的文学翻译策略

在文学翻译中，采用目的论视角制定翻译策略，对于实现译文的预期功能和效果具有重要意义。目的论翻译理论强调，翻译应以实现特定的交际目的为根本出发点，译者需要根据目标语言读者的需求和期望，灵活选择恰当的翻译策略。这一理念为文学翻译实践提供了新的思路和方法。

文学作品蕴含着丰富的艺术性和人文内涵，其翻译不仅要准确传达原作的语义信息，更要再现其独特的艺术风格和美学价值。在这一过程中，译者既要忠实于原作，又要兼顾目标语言读者的接受能力和欣赏习惯。这就要求译者根据不同的翻译目的，采取相应的策略。比如，如果翻译的目的是向目标语言读者介绍异国文学，拓宽其文化视野，译者可以采用异化策略，尽可能保留原作的异域风情和文化特色，给读者一种新奇、陌生的阅读体验。相反，如果翻译的目的是让目标语言读者轻松愉悦地欣赏原作，译者则可以采用归化策略，用目标语言读者熟悉的表达方式来传达原作的内容和情感，减少阅读障碍，增强文本的可接受性。

需要指出的是，在实际的文学翻译中，往往需要在异化和归化之间寻求平衡。过度的异化可能导致译文晦涩难懂，失去可读性；而过度的归化则可能导致原作的风格特色丧失，文化内涵缺失。因此，译者需要根据具体的翻译目的和原作特点，灵活地综合运用异化和归化策略。比如，在翻译充满民族文化色彩的文学作品时，译者可以对一些文化负载词采取异化策略，通过音译、直译等方式保留其文化内涵；而对一些习语、谚语等则可以采取归化策略，用目标语言中的对应表达替代，以达到信、达、雅的翻译效果。

此外，目的论视角下的文学翻译还需要考虑译文的使用语境和接受对象。

不同的语境和读者群体对译文的要求和期待不尽相同。因此，译者在选择翻译策略时，应充分考虑译文的发表媒介、传播渠道以及目标语言读者的文化背景、欣赏习惯等因素。比如，针对儿童读者翻译儿童文学作品，译者就需要采用浅显易懂的语言，并适当增加插图、注释等辅助手段，以增强译文的可读性和吸引力。而在为小众文学爱好者翻译先锋派作品时，译者则可以在艺术性上下更多功夫，尝试创新性的翻译技巧，以再现原作的探索性和独特性。

目的论视角为文学翻译实践指明了方向，即翻译要以实现特定交际目的为出发点和归宿，灵活运用各种策略，在忠实传达原作内容的同时，兼顾目标语言读者的接受能力和欣赏期待。这就要求译者不仅要具备扎实的语言功底和文学修养，还要对翻译的目标语言语境和受众有深入的了解，并在实践中不断反思和提升。唯有如此，才能创造出既忠实于原作又符合翻译目的的优秀译本，促进不同民族文学的交流互鉴，为人类文明的多元发展贡献力量。

（三）交际功能导向的文学翻译方法

交际功能导向的文学翻译方法强调以目标语言读者为中心，根据译文的预期功能和目标语言文化背景，灵活采取各种翻译策略，力求实现原作在目标语言环境中的最佳交际效果。这一方法打破了传统的对等翻译观念，为文学翻译实践提供了新的思路和启示。

在交际功能导向的文学翻译中，译者首先需要明确译文的目标语言读者群体和预期功能。不同的读者群体对译文的期待和接受能力存在差异，译者必须充分考虑这些因素，采取恰当的翻译策略。例如，面向儿童读者的文学作品翻译，应注重语言的简洁易懂，适当增加解释性信息，而面向文学研究者的翻译则可以更加注重原作的形式特征和艺术风格的再现。

在明确译文功能的基础上，译者还需要深入分析原作的文化内涵和语言特色，斟酌在忠实源语言文本和迎合读者期待之间的平衡。某些文化特定项的处理尤为关键，译者需要根据其在源语言文本中的作用和目标语言文化中的对应物，灵活采取音译、意译、归化、异化等多种处理方式。总的原则是在不损害原作核心内涵的前提下，最大限度地减少文化障碍，促进目标语言读者的理解和接受。

此外，交际功能导向的文学翻译还强调译者主体性的发挥。与传统翻译观念不同，功能翻译理论认为译者并非对原作进行简单的翻译，而是基于特定目的进行再创造的主体。译者可以根据译文的功能需求，对源语言文本进行必要的改写、重组乃至删减，以达到最佳的交际效果。当然，这种主体性的发挥须以对原作深刻理解为前提，避免过度主观臆断而背离原作的本意。

交际功能导向为文学翻译实践开辟了广阔的空间。在全球化语境下，不同语言文化之间的交流日益频繁，文学作品的跨语言传播也呈现出多样化的功能诉求。无论是出于审美鉴赏、学术研究，还是商业推广的目的，功能翻译理论都为译者提供了系统的思路和方法。通过对译文功能的准确定位、对目标语言文化语境的深入分析，以及灵活多样的翻译策略，译者能够突破传统对等的桎梏，实现文学作品在跨文化语境中的最佳表达。

需要指出的是，交际功能导向虽然为文学翻译提供了新的视角，但并不意味着对原作忠实性的彻底放弃。译者在发挥主体性、灵活处理文化差异的同时，仍需恪守翻译的基本职业操守，尊重原作的艺术特质和作者的创作意图。唯有在忠实、创造与功能之间达成动态平衡，才能真正实现文学翻译的价值，推动不同语言文化之间的深入交流。

三、功能翻译理论在科技英语翻译中的应用

（一）科技英语信息传递功能的实现

科技英语作为一种专门用途的语言，其核心功能在于传递科技信息。在功能翻译理论的指导下，译者应以实现科技英语的信息传递功能为首要目标，采取灵活多样的翻译策略，确保译文准确、清晰、简洁地表达源语言文本的科技内容。

科技英语的语言特点决定了其翻译必须忠实源语言文本，力求表达准确无误。科技文献通常包含大量专业术语、数据、图表等，对译文的精确性提出了极高要求。译者需要全面掌握该领域的专业知识，精通相关术语和表达方式，才能做到信、达、雅的统一。同时，科技英语强调客观性和逻辑性，语言风格严谨简练，译文也应尽量避免使用修辞手法，保持源语言文本的风格特点。

为实现科技英语的信息传递功能，译者在翻译过程中应灵活采用多种策略。对于术语翻译，可采取直译、意译、音译等方法，但前提是准确理解术语内涵，把握其在特定语境中的含义。对于长句翻译，可采取断句、重组、合并等策略，使译文通顺流畅，符合汉语表达习惯。必要时，译者还可以适当增译或省译，

以更好地传递源语言文本信息。例如，可在译文中添加必要的背景知识，帮助读者理解源语言文本内容；也可以删除冗余信息，突出文章重点。无论采取何种策略，译者都应以忠实源语言文本内容为前提，切忌随意改变源语言文本意思。

科技英语的另一重要特点是使用大量非语言符号（如数学公式、化学方程式、流程图等）。这些符号在传递信息方面发挥着关键作用，译者对其的处理至关重要。一般而言，译文应保留源语言文本的非语言符号，必要时可添加简要注释，方便读者理解。尤其是数学、物理、化学等基础学科文献，公式、图表往往占据很大篇幅，忽视它们就无法准确传递文献的核心内容。因此，译者不仅要重视非语言符号的翻译，而且要注意将其与译文有机结合，形成一个完整的信息传递系统。

此外，科技英语广泛存在句内和句际照应现象，照应手段多样，包括人称代词、指示代词、名词短语等。正确处理照应关系是科技翻译的又一难点。译者需要仔细分析句子成分之间的逻辑关系，辨别照应词所指代的对象，在译文中采用恰当的照应手段。同时，要注意照应手段在英汉两种语言中的差异，避免生硬照搬源语言文本用法。只有处理好照应问题，才能使译文语意连贯、结构严谨，增强文章的可读性。

（二）科技英语术语翻译的功能对等

在科技英语翻译中，术语准确、规范的翻译直接影响到译文能否实现预期功能，传递源语言文本信息。因此，译者必须深入理解术语在源语言文本中的语义内涵和语用功能，选择最恰当的对应词语，确保译文在目标语言中发挥同等作用。

从语义层面看，科技英语术语蕴含着特定领域的专业概念和学理内容。译者需要全面把握术语的概念内涵、外延边界以及在知识体系中的位置，选择概念对等、内涵吻合的目标语言。这就要求译者不仅要具备扎实的英语语言功底，而且要对相关学科有深入的了解，熟悉该领域的概念体系和表达习惯。同时，译者要关注术语在学科发展中的动态变化，及时更新和统一目标语言，避免同一概念多个译名并存的混乱局面。

从语用角度看，科技英语术语在源语言文本中往往承担着特定的交际功能，如界定概念、阐明原理、描述过程等。译者需要透过语言形式，洞悉术语使用背后的交际意图，在译文中完成同样的语用功能。例如，一些看似中性的术语，在特定语境中可能带有褒贬或强调的色彩。又如，不同学科对同一术语的理解和使用可能存在差异。译者要通过语境分析，把握术语的语用内涵，做到灵活处理、动态对等。

此外，科技英语术语翻译还需要兼顾语体风格、行文习惯等因素，力求译文符合目标语言的表达方式和阅读习惯。一味追求字面对应，生搬硬套，往往会造成译文晦涩难懂，影响信息传递。译者应在准确传意的基础上，适当调整句法结构，选用自然、规范的表达方式，使译文符合目标语言规范，易于读者理解和接受。

科技英语术语翻译需要在语义、语用、语体等多个层面实现功能对等。译者要立足源语言文本，面向读者，在准确传递信息的同时，最大限度地再现源语言文本的交际功能和语篇特征。唯有如此，才能真正实现科技英语翻译的目的，促进科技交流，推动学科发展。这对译者的语言功底、学科知识和翻译技巧都提出了较高要求。在翻译实践中，译者应不断加强学习，拓宽视野，提高综合素质，为科技英语术语翻译工作贡献智慧和力量。

（三）科技英语文体功能的再现

科技英语作为一种专门用途英语，具有语义精确、语法规范、语篇紧凑等鲜明特征。这些特征源于科技英语所承载的传递科技信息、指导科研实践、推动学术交流等重要功能。因此，在科技英语翻译过程中，准确再现源语言文本的文体特征，实现译文与源语言文本在语义、语篇、语用等方面的对等，是译者必须面对和解决的关键问题。

从语义层面来看，科技英语蕴含大量专业术语、概念和数据。这些术语概念往往具有明确的定义和严格的使用规范，体现了科技英语追求准确、严谨的语义特征。在翻译过程中，译者必须全面理解源语言文本所涉及的专业知识，准确把握每一个术语概念的内涵和外延，并在目标语言中找到与之对应的表达。同时，译者要注意术语使用的一致性，避免出现概念混淆或表述分歧的情况。只有在术语翻译上力求精准，才能保证译文在语义层面上的忠实和可靠。

从语法层面来看，科技英语通常采用陈述句、被动语态等客观、简洁的语法结构，以凸显内容本身，淡化主观色彩。这种语法特征与科技文献旨在客观反映事实、陈述规律的功能定位是相适应的。在翻译实践中，译者应充分认识并尊重源语言文本的语法风格，避免使用过于主观化或夸张的表达方式。同时，译者要根据目标语言的表达习惯，对源语言文本的语法结构进行适当调整，使译文符合目标语言的语法规范，易于目标语言读者理解和接受。

从语篇层面来看，科技英语以逻辑严密、结构紧凑著称。这种语篇特征源于科技文献所承载的阐释原理、论证观点的功能诉求。在科技英语的语篇中，各层级的语义单位以紧密的逻辑关系组织在一起，构成了一个环环相扣、前后呼应的有机整体。译者在翻译过程中，必须充分理解源语言文本的语篇结构，把握其中蕴含的逻辑线索，在译文中恰当运用衔接手段，有机重构源语言文本的语篇关系。唯有如此，才能使译文在语篇层面上达到源语言文本的严谨性和连贯性，忠实地再现科技英语的语篇特征。

值得注意的是，科技英语文体的再现不能局限于对形式特征的模仿，更要追求对源语言文本功能的忠实传达。科技英语翻译的根本目的是实现源语言文本在目标语言中的知识传播、学术交流等功能，使译文在目标语言语境中发挥与源语言文本相似的作用。为此，译者在再现科技英语文体特征的同时，要关注源语言文本所蕴含的交际意图，充分考虑目标语言读者的接受心理和认知背景，采取灵活的翻译策略，在形式对等和功能对等之间寻求平衡。

四、功能翻译理论在商务英语翻译中的应用

（一）商务英语语域的功能分析

商务英语作为一种专门用途英语，具有独特的语域特征。从语言形式的角度来看，商务英语语域的词汇系统高度专业化，语法结构趋于简洁精炼，语篇组织严谨有序。商务英语词汇以专业术语和固定搭配为主，具有明显的行业特色。例如，在国际贸易领域，“Bill of Lading”（提单）、“Letter of Credit”（信用证）等术语频繁出现，构成了该领域独特的词汇体系。同时，商务英语的语法结构通常较为简洁明了，以准确传递信息为目的，较少使用复杂的从句和修辞手法。

从语言功能的角度来看，商务英语语域以实现交际目的为导向，注重语言的实用性和有效性。在商务活动中，语言通常被用于传递信息、进行谈判、达成协议等实际目的，因此商务英语必须具备清晰、准确、得体的特点。例如，在商务信函的写作中，要求用语简洁、重点突出，避免模糊、啰嗦地表述；在

商务谈判中，需要运用恰当的语言策略，准确表达己方立场，同时兼顾对方感受。可见，商务英语语域的功能导向决定了其语言形式的特点。

此外，商务英语语域还呈现出鲜明的文化特征。不同国家和地区在商务活动中形成了独特的交际方式和语言习惯，体现了各自的文化价值观念。例如，英美国家的商务语言往往更加直接、明了，强调个人主义和平等意识；而东亚国家的商务语言则更加含蓄委婉，注重维系人际关系和集体荣誉。因此，掌握目标语言国家的商务文化，对于商务英语的有效运用至关重要。

（二）商务英语中的语用对等

语用对等指译文在目标语言环境中所发挥的交际功能与源语言文本在源语言环境中所发挥的交际功能大体一致。商务英语作为一种特殊用途英语，具有鲜明的语用特征。它以完成商务交际活动、达成商务合作为根本目的，因此在翻译过程中必须充分考虑商务语境、交际双方的身份地位、文化背景差异等语用因素，力求实现语用对等，保证译文在目标语言环境中发挥预期的交际功能。从语用学的视角来看，商务英语翻译应秉持以下原则。

首先，译文要符合目标语言的语言习惯和表达方式。商务英语具有专业性强、词汇术语化、语篇格式严谨等特点。译者需要熟悉商务英语的语言特征和写作规范，根据目标语言的表达习惯对源语言文本进行适当调整，使译文符合目标语言读者的阅读期待。其次，译文要准确传递源语言文本的商务信息。商务英语往往涉及合同条款、产品说明、金融报表等敏感内容，信息的准确性至关重要。译者应全面把握源语言文本内容，明确专业术语概念，避免误译、漏译等失误，确保商务信息的无损传递。最后，译文要恰当处理商务文化差异。不同文化背景下，商务活动的价值取向、思维方式、行为准则存在差异。译者需要充分了解源语言和目标语言国家的商务文化，对源语言文本中的文化负载词、隐喻表达等进行巧妙处理，使译文符合目标语言读者的文化期待，避免误解和冒犯。

此外，商务英语翻译还应关注交际双方的身份地位、权力关系等语用因素。例如，在商务信函翻译中，称呼语的选择、礼貌策略的运用都需要根据交际双方的角色身份、地位差异进行调整。若源语言文本使用了不恰当的称呼或礼貌表达，译者应主动进行修正，使译文符合目标语言环境中的礼貌规范和交际惯例。再如，在商务谈判翻译中，译者需要敏锐把握谈判双方的心理状态、谈判策略，通过语气、停顿、重音等副语言手段传递言外之意，发挥“润滑剂”和

“催化剂”的作用，为谈判的顺利进行提供语言支持。

值得一提的是，随着经济全球化的深入发展，跨文化商务交际日益频繁，语言服务行业对高素质商务英语翻译人才的需求不断增加。这对翻译教学提出了新的要求。传统的商务英语翻译教学往往重语言技能训练，轻语用能力培养，难以适应时代发展需要。因此，翻译教学必须与时俱进，在夯实语言基础的同时，加强语用对比和跨文化交际能力培养，通过情境模拟、案例分析、项目实践等多样化的教学活动，提高学生的语用意识和语境分析能力，使其掌握恰当的翻译策略和技巧，成为既精通语言技能又具备跨文化商务交际能力的复合型翻译人才。

（三）功能理论指导下的商务英语翻译策略

从功能对等的视角出发，商务英语翻译应着眼于在目标语言中实现与源语言文本相同的交际功能。这就要求译者深入分析源语言文本的语域特点，把握其中蕴含的语用信息，在翻译过程中灵活运用各种翻译策略，力求在功能层面实现对等。具体而言，功能理论指导下的商务英语翻译策略可以归纳为以下几点。

第一，注重语域分析。商务英语涉及经济贸易、金融、管理等多个领域，不同语域有其特定的语言特征和交际功能。译者需要对源语言文本的语域背景有深入的了解，分析其词汇选择、句式结构、语体风格等方面的特点，把握其中蕴含的交际目的。只有准确理解源语言文本的语域性质，才能在译文中采取恰当的表达方式，实现语域功能的对等。

第二，关注语用对等。语用对等是功能对等的重要体现。商务英语往往带有明确的交际目的（如说服、劝诱、承诺等），这些语用功能需要在译文中得到充分体现。为此，译者应结合目标语言读者的文化背景、思维方式、接受习惯等因素，对源语言文本的语用信息进行必要的调整和改写，使译文在语用层面与源语言文本实现功能对等。在英译汉时，译者需要根据汉语的语用习惯，适当调整语态和语气，以达到与源语言文本相同的交际效果。

第三，兼顾文化差异。商务活动总是在特定的文化语境中进行，不同文化在价值取向、社交礼仪、思维模式等方面存在差异。忽视文化因素，就可能导致译文在目标语言文化中不能正常发挥作用，甚至引起误解和冲突。因此，商务英语翻译必须充分考虑文化差异，在译文中采取灵活的翻译策略。对于源语言文本中的文化负载词，可以采取直译加注释、意译、替换等方法，使目标语言读者能够准确理解其文化内涵。对于体现不同文化价值观的表达，则需要进行必要的调适，使译文符合目标语言文化的期待。唯有如此，才能真正实现跨文化交际中的功能对等。

第四，重视术语翻译。商务英语中大量使用专业术语，准确、统一的术语翻译是实现信息传递功能的前提。译者应全面了解商务英语的术语体系，掌握权威的翻译标准。对于一些尚无定论的术语，可参考权威词典、行业标准，并结合上下文语境和专家意见确定译名。在整个翻译过程中，要始终保持术语翻译的一致性，避免产生歧义。同时，译者应主动学习和更新专业知识，跟上商务领域的发展步伐，不断优化术语翻译的质量。

第四章　生态视角下的英语翻译理论

第一节　生态翻译学基础

一、生态翻译学的基本概念

（一）生态翻译学的定义

生态翻译学是一门新兴的交叉学科，它从生态学的视角审视翻译活动，探讨译者、文本、读者等主体在特定生态环境中的相互作用和动态平衡。生态翻译学旨在揭示翻译活动的内在规律，以期优化翻译过程，提高翻译质量，实现人与自然、人与社会的和谐共生。

生态翻译学的理论基础源于生态学领域。生态学研究生物与环境的关系，强调系统的整体性、关联性和动态性。生态翻译学借鉴这一理念，将翻译视为一个复杂的生态系统。在这个系统中，译者、源语言文本、译文、读者、赞助人等要素相互联系、相互制约，共同构成了翻译生态环境。翻译主体在特定的时空条件下，通过语言转换实现跨文化交际，传递信息、情感和审美体验。同时，翻译行为又受到政治、经济、文化等多重因素的影响和制约。因此，生态翻译学提倡从整体和系统的高度，动态地考察翻译活动，注重分析各种要素之间错综复杂的关系网络。

与传统的语言学派和文化学派相比，生态翻译学最突出的特点在于其宏观性和综合性。传统的翻译理论往往聚焦于语言层面，探讨词汇、句法、语篇等方面的对等转换策略，或者关注文化差异对翻译的影响，讨论如何在异质文化间架设桥梁。而生态翻译学则突破了语言和文化的局限，将视野拓展到更广阔的社会生态环境中，考察翻译活动与政治、经济、科技、教育等多领域的互动关系。生态翻译学还吸收了诸多学科的研究方法和成果，形成了多维度、立体化的理论视角，对翻译现象进行全方位的阐释和探讨。

生态翻译学以生态整体主义为指导，以多学科综合研究为特色，力图揭示翻译活动的本质和规律。它不仅为翻译理论研究开辟了新的路径，提供了新的视角，而且对指导翻译实践、提高翻译教学质量具有重要意义。在全球化背景下，生态翻译学为探索文明对话、促进文化交流、构建人类命运共同体提供了宝贵的智力支持。随着学科的不断发展和完善，生态翻译学必将在推动人类翻译事业进步、服务人类社会发展中发挥更加重要的作用。

（二）生态翻译学的研究对象

首先，生态翻译学关注翻译活动与生态环境之间的互动关系。传统翻译理论往往将翻译视为语言间的转换，忽视了翻译行为所处的社会文化语境。而生态翻译学则强调，翻译不仅仅是语言符号的置换，更是译者、文本、读者等多个主体在特定环境中的动态互动。翻译活动必然受到生态环境的制约，同时对生态环境产生影响。因此，研究翻译现象必须将其置于所处的生态系统之中，考察各要素间的相互作用，揭示翻译行为的生态规律。

其次，生态翻译学的研究对象呈现出多元化的特点。传统翻译研究大多聚焦于文学翻译，尤其是小说、诗歌等文本类型的翻译。而生态翻译学的视野更加开阔，它不仅关注文学翻译，还涵盖了口译、科技翻译、法律翻译等多种翻译形式。同时，生态翻译学不仅研究翻译作品，还关注翻译过程、翻译主体、翻译批评等多个维度。这种多元化的研究视角有助于全面认识翻译活动的复杂性，揭示不同类型翻译行为的共性和个性。

最后，生态翻译学的研究对象具有开放性和互动性。传统翻译研究往往将源语言文本和目标语言文本视为静态的、封闭的系统，忽视了它们与外部环境的联系。而生态翻译学则强调，任何一部翻译作品都不是孤立存在的，它必然与所处的社会文化语境发生互动。一方面，翻译作品反映了特定历史阶段的思想观念、审美情趣、价值取向等；另一方面，翻译作品又对目标语言文化产生了深远影响，推动了文学观念和文化模式的变革。生态翻译学正是通过考察翻译与环境的互动关系，揭示翻译行为的开放性和互动性。

此外，生态翻译学还关注翻译行为的伦理向度。传统翻译理论大多将翻译等同于技术操作，很少涉及翻译行为的道德考量。而生态翻译学则将翻译置于更广阔的人类命运共同体视域中，强调译者在传递异质文化、促进民族交流方面肩负着重要的伦理责任。译者的翻译选择不仅关乎个人的道德操守，更关系到人类文明的可持续发展。因此，生态翻译学的研究对象必然包括译者的伦理意识、价值取向等主体因素。

生态翻译学以翻译生态系统为研究对象，关注翻译行为与环境的互动关系，强调翻译主体的能动作用，突出翻译研究的开放性和多元化特点。这一研究视角有助于革新传统的翻译研究范式，推动翻译学科的发展。深入探讨生态翻译学的研究对象及其特点，对于拓展翻译理论的研究视野、指导翻译实践具有重要意义。在全球化时代背景下，生态翻译学以其独特的学术视角和鲜明的问题意识，必将引领翻译研究的未来走向。

（三）生态翻译学的理论基础

第一，生态学。生态学研究生物与环境之间的相互关系，强调生物群落内部各成员之间以及与外部环境之间的动态平衡。这一理念为生态翻译学提供了重要启示，即翻译活动不是孤立的语言转换，而是译者、源语言文本、译文、读者、社会文化语境等多个因素相互作用、彼此制约的复杂系统。正如生态系统通过自我调节维持动态平衡，翻译生态系统也需要译者根据多方因素，灵活采取翻译策略，在忠实源语言文本内容、迎合读者期待、弘扬优秀文化之间寻求平衡，最终实现译文在目标语言环境中的生存和发展。

第二，系统论。系统论强调整体大于部分之和，部分在整体中才有意义。这一观点同样给生态翻译学以理论支撑。传统翻译理论往往将源语言文本视为静态、封闭的独立个体，译者的任务就是寻找对应的语言符号，对源语言文本进行机械复制。而在生态翻译学看来，源语言文本蕴含着丰富的文化信息，与特定的社会历史语境密切相关。脱离整体语境去理解源语言文本，难免片面和局限。因此，生态翻译学提倡从整体、系统的视角审视翻译活动，充分考虑源语言文本产生的文化语境、目标语言读者的接受语境，在动态选择、顺应中实现对源语言文本的创造性传译。

第三，接受美学。在接受美学看来，文学作品的意义不是先在地存在于作品本身，而是在读者阅读接受中生成的。作品提供了一定的阐释空间，读者根据自身的知识结构、审美经验、期待视野等因素，对作品进行再创造，实现意义的建构。这一观点启示人们，翻译绝非简单的语言转码，而是一个创造性的阐释过程。译者根据自身的文化视域，对源语言文本进行再阐释、再创造，既要尊重源语言文本提供的意义线索，又要结合目标语言读者的接受能力，在传达和阐发中求得平衡，从而使译文获得新的生命力。

二、翻译生态系统的构成

（一）文本

文本涵盖了源语言文本、译文以及与之相关的各种语境因素，构成了一个动态的、开放的系统。在这个系统中，源语言文本和译文处于中心位置，它们携带着语言、文化、意识形态等多种信息，体现着译者对源语言文本的理解和阐释。同时，文本系统包括了作者、读者、赞助人等多个主体，他们通过对文本的创作、阅读、评判等方式参与到翻译活动中，对译文的生成和传播产生影响。

从生态翻译学的视角来看，文本系统具有多样性、互动性、适应性等鲜明特征。首先，文本系统的多样性体现在语言、文体、话语等方面。不同语言的文本在词汇、句法、修辞等层面存在差异，不同文体的文本在结构、风格、功能等方面各具特色，不同话语的文本蕴含着独特的意识形态和权力关系。译者需要充分认识并尊重这种多样性，根据不同文本类型采取恰当的翻译策略，才能生成符合目标语言规范、满足读者期待的译文。其次，文本系统的互动性体现在各主体之间的协商与博弈。在翻译过程中，译者与作者、读者、赞助人等主体之间存在着复杂的互动关系。译者需要在忠实源语言文本与考虑读者理解能力之间寻求平衡，在赞助人的要求与自身的价值取向之间进行协调，在不同主体的期待和反馈中不断调整翻译决策。这种互动不仅影响着译文的形成，也推动着译者能力的提升和翻译规范的更新。最后，文本系统的适应性体现在其与环境的动态关系。任何文本都处于特定的社会文化语境之中，都受到意识形态、赞助人等因素的制约和影响。译者需要敏锐地洞察并主动适应环境的变化，根据不同语境对翻译目的、对象、标准等进行灵活调整，以确保译文在目标语言环境中的生存能力。同时，优秀的译文能够反作用于环境，引领文学创作的风尚，促进文化交流的深入，推动社会进步的实现。

（二）译者

译者作为翻译生态系统中的核心主体，其主观能动性和创造性在翻译实践中发挥着关键作用。生态翻译学视域下，译者不再被视为孤立的个体，而是处于复杂的翻译生态网络之中，与文本、读者、环境等多个因素相互影响、相互作用。译者的知识结构、审美情趣、价值取向等内在要素，以及其所处的社会文化语境、意识形态环境等外部因素，共同构成了译者独特的生态位。

译者生态位的构建是一个动态演进的过程。译者在翻译实践中不断积累经验、拓展视野、更新知识，其专业素养和创新能力也随之提升。同时，译者需要主动适应不断变化的翻译生态环境，敏锐把握时代脉搏，及时调整翻译策略和方法。只有不断优化自身的生态位，译者才能在翻译生态系统中保持旺盛的生命力，为推动人类文明的交流互鉴贡献力量。

从微观层面看，译者的性别、年龄、学历、专业背景等个体特征对其生态位的形成具有重要影响。不同的译者由于其成长经历、知识结构的差异，对源语言文本的理解和表达往往会呈现出多样性。例如，文学翻译领域中，女性译者往往更善于捕捉文本中的情感细节，译文风格更为细腻婉约；而男性译者则更擅长刻画宏大场景，译文风格更为豪放奔放。再如，具有跨学科背景的译者往往视野更为开阔，能够运用多学科知识丰富译文内涵，催生出更多创新性的翻译作品。

从宏观层面看，译者所处的社会文化语境、意识形态环境、民族国家利益等因素对其生态位的塑造也不容忽视。译者是特定历史条件下的产物，无法完全摆脱外部环境的制约和影响。例如，20 世纪 80 年代，中国经济体制转轨，西方文化思潮涌入，译者纷纷将目光投向西方现代主义文学，大量引介卡夫卡、萨特等作家的作品，译介风潮一时盛行。这一方面体现了译者主动迎合社会文化需求的努力，另一方面也折射出意识形态环境对译者选材取向的潜在影响。

事实上，译者生态位的独特性还体现在对翻译伦理的践行上。作为沟通异质文化的桥梁，译者肩负着传播知识、弘扬真善美的神圣使命。这就要求译者在翻译实践中恪守职业道德，坚持真实、准确、完整地再现源语言文本内容，尊重原作者的创作意图和文化个性，坚守人类共同价值理念。唯有秉持高尚的翻译伦理，译者才能在纷繁复杂的翻译生态系统中彰显价值担当，推动不同文明间的平等对话、互学互鉴。

（三）翻译生态环境

翻译生态环境是指译者在翻译活动中所处的外部环境和内部环境的总和。它既包括译者所处的自然环境、社会环境、文化环境等外部环境因素，也包括译者自身的知识结构、思维方式、审美情趣等内部环境因素。这些环境因素交织融合，共同影响和制约着译者的翻译行为和翻译作品的生成。

从宏观层面来看，翻译生态环境体现为一个国家或民族的整体语言生态。不同国家和民族由于地理位置、历史渊源、文化传统等方面的差异，形成了各具特色的语言生态环境。这种环境不仅决定了该国家或民族语言的基本特点和发展方向，也深刻影响着译者的语言选择和表达方式。

同时，翻译生态环境还体现为不同时期的社会文化语境。随着时代的发展和社会的进步，人们的价值观念、审美情趣也在不断发生变化，这就对译者提出了新的要求。译者必须紧跟时代步伐，准确把握当下的文化脉搏，在翻译中充分考虑读者的接受心理和欣赏习惯，否则就难以产生良好的传播效果。以中国古典文学翻译为例，20 世纪 80 年代后，译者开始探索更加通俗易懂、贴近现代生活的翻译方式；进入新世纪以来，国人审美日趋多元，雅俗共赏蔚然成风，译者的翻译策略也更加灵活多变，力求在忠实原著的基础上，为读者提供个性化的阅读体验。

从微观层面来看，翻译生态环境还体现为译者个体的知识积淀和精神世界。译者的知识结构是其翻译能力的基石，它不仅包括扎实的语言基本功和深厚的文化素养，而且包括广博的百科知识和丰富的人生阅历。唯有知识积累到一定程度，融会贯通、运用自如，译者才能在翻译实践中游刃有余、出神入化。同时，译者的价值观念、道德情操、审美情趣等，也会潜移默化地影响其翻译的选材取向和表现方式。正如著名翻译家傅雷所言："译者的人格、气质、性情，都会流露在译文里。"可见，高尚的人格力量和深邃的精神世界，是造就优秀译文的内在源泉。

此外，译者专业化水平的高低，也是翻译生态环境中不可忽视的因素。专业化程度越高的译者，其语言能力、文化修养、翻译技巧就越纯熟，对原作的理解把握就越到位，译文的质量也就越有保障。反之，缺乏专业训练、经验不足的译者，其翻译往往存在偏差失真、用词不当等问题。因此，建设一支高水平的专业译者队伍，完善译者的培养和管理机制，既是提升整个民族翻译水平的关键举措，也是优化翻译生态环境的重要途径。

三、生态翻译学与传统翻译理论的比较

（一）传统翻译理论的局限性

传统翻译理论的局限性主要体现在其对翻译过程的认知过于简单化和机械

化。这些理论往往将翻译视为一种线性的、静态的语言转换过程，忽视了翻译活动所处的复杂语境和译者主体性的能动作用。具体而言，传统翻译理论存在以下几个方面的不足。

首先，传统翻译理论大多以语言学为理论基础，强调语言形式的对等转换，追求译文与源语言文本在语法、词汇、修辞等方面的一一对应。这种“忠实论”的翻译观将译者局限于语言的表层结构，割裂了语言形式与语义内容、语用功能的内在联系。事实上，不同语言之间的差异不仅仅存在于语言形式层面，更深层次的差异来自语言所承载的文化内涵、价值观念、思维方式等。单纯追求形式对等的翻译策略往往难以真正传达源语言文本的精髓，甚至会导致译文晦涩难懂、言不达意。

其次，传统翻译理论侧重于描写翻译的结果，而忽视了阐释翻译的过程。在这些理论看来，译者的任务就是在源语言和目标语言之间寻找对等的语言符号，机械地进行语码转换。这种静态的翻译模式没有充分考虑到翻译过程中译者的主观能动性，也无法解释翻译实践中创造性的成分。事实上，翻译从来就不是一个简单的语言复制过程，而是译者在两种语言和文化之间进行主动协调、深入理解、灵活处理的复杂认知活动。优秀的译文不是对源语言文本的被动模仿，而是译者对源语言文本的主动诠释和再创造。

再次，传统翻译理论过于强调译文对源语言文本的依附性，片面追求“信”而忽视了“达”与“雅”的翻译标准。在这种观念支配下，译者往往局限于源语言文本字句的表层含义，生搬硬套源语言的表达方式，缺乏目标语言表达的创造性。殊不知，翻译的最终目的是实现跨语言、跨文化的交际，让目标语言读者能够无障碍地理解并欣赏源语言文本的内容和艺术魅力。这就要求译者不仅要忠实于源语言文本的内容，更要忠实于源语言文本的精神，做到“化境”而不是“形似”。换言之，好的翻译应该做到信、达、雅的统一，既准确传达源语言文本的信息，又符合目标语言的表达习惯，具有较高的文学性和可读性。

最后，传统翻译理论大多建立在静态语料的基础之上，缺乏对翻译实践动态性、情境性的考察。这些理论往往将语言视为一个封闭的系统，孤立地研究语言内部的规律，忽视了语言运用与社会文化语境的互动关系。事实上，任何一种语言的运用都是嵌入在特定的交际情境中的，受制于话语参与者的身份、意图、社会文化背景等因素。脱离语境孤立地研究语言，难以真正揭示语言运用的规律。同样，脱离语境孤立地研究翻译，也无法合理阐释翻译过程中译者决策的动因，无法准确把握译文的语用效果。

此外，传统翻译理论大多以西方语言为研究对象，带有浓厚的欧洲中心主义色彩，缺乏对非西方语言翻译实践的关注。这些理论试图建立一套放之四海而皆准的翻译原则和标准，忽视了不同语言之间在语法、词汇、修辞、语用等方面的巨大差异，忽视了不同民族在文化传统、思维习惯、审美情趣等方面的显著区别。事实上，翻译标准从来就不是一成不变的，而是随着翻译的目的、对象、语境等因素的变化而动态调整的。机械套用西方语言的翻译理论，不仅难以指导汉语等非西方语言的翻译实践，而且有可能会使民族语言和文化的独特性消解和泯灭。

（二）生态翻译学视角的独特性

生态翻译学与传统翻译理论相比，其最显著的特点在于视角的转换和研究范式的创新。传统翻译理论大多局限于语言层面，关注译文与源语言文本在语义、语法、修辞等方面的对等，强调忠实再现源语言文本的语言特征。而生态翻译学则跳出了语言的狭隘视角，将翻译置于更为广阔的生态语境中加以审视。它关注翻译活动与译者、读者、社会文化环境等多个因素之间的互动关系，探讨翻译生态系统的运行规律和优化策略。

从认识论层面来看，生态翻译学突破了传统的二元对立思维模式，摒弃了源语言文本与译文、语言与文化的割裂观念。它以整体论和系统论为指导，将翻译视为一个有机的生态系统，强调各要素之间的互联互通、动态平衡。在这一视角下，译者不再是源语言文本意义的被动传递者，而是积极参与意义建构的主体；译文不再是源语言文本的附庸，而是与源语言文本并列的独立文本；翻译过程不再是简单的语码转换，而是译者与作者、读者、社会文化语境多方互动的复杂过程。这种整体化、生态化的认识论突破了传统翻译理论的局限，为翻译研究开辟了新的视域。

从方法论层面来看，生态翻译学引入了适应性选择、进化发展等生态学概念和原理，为翻译研究提供了新的理论工具和分析框架。传统翻译理论往往侧重描写性研究，考察译文的语言特征和翻译策略，却忽视了翻译活动背后复杂的社会文化因素。而生态翻译学则注重解释性和评价性研究，探究译文生成和传播的社会文化语境，揭示制约翻译选择的深层机制。例如，运用适应性选择理论，可以分析译者在特定语境中如何权衡翻译对象、目的、受众等因素，采取最优的翻译策略，实现译文与目标语言生态环境的协调适应。又如，运用进化发展理论，可以考察译本在跨文化传播中的变异、竞争、淘汰机制，阐释译本经典化、重译现象的内在规律。总之，生态翻译学为翻译现象的描写、解释、评价提供了系统科学的方法论指导，极大拓展了翻译研究的深度和广度。

此外，生态翻译学还体现了鲜明的问题意识和应用导向。传统翻译理论大多关注翻译的一般规律和普遍原则，对翻译实践的指导作用有限。而生态翻译学则立足翻译实践，针对不同类型、不同语境下的翻译活动，提出了具有可操作性的翻译策略和评估标准。例如，在文学翻译领域，生态翻译学提倡“三美”原则，即形式美、意义美、功能美的统一，强调在再现源语言文本形式和内容的同时，充分考虑译文的审美价值和文化功能，实现与目标语言文学系统、文化语境的协调。在科技翻译领域，生态翻译学侧重术语的标准化、语篇的逻辑性，强调译文在目标语言学术共同体中的认可度和应用价值。这些有针对性的指导原则，为不同类型的翻译实践提供了科学、有效的理论支撑。

（三）生态翻译学的理论优势

生态翻译学作为一门新兴学科，其理论优势正逐渐显现。与传统翻译理论相比，生态翻译学的视角更加开阔，研究对象更加多元，研究方法更加综合。正是基于这些特点，生态翻译学能够为翻译研究提供新的思路和启示。

从研究视角来看，生态翻译学突破了传统翻译理论“以译者为中心”的局限，将译者置于更广阔的生态系统中并加以审视。它不仅关注译者的主体性，而且注重译者与文本、读者、环境等多个因素之间的互动关系。这种多维度、立体化的研究视角，有助于全面揭示翻译活动的复杂性和系统性，为翻译研究注入新的活力。

从研究对象来看，生态翻译学的关注点不再局限于语言层面的对等转换，而是将翻译视为一种跨语言、跨文化的交际行为。它不仅研究译文本身，还探讨译文产生和传播的社会文化语境，以及译者、读者、出版机构等多个主体在翻译生态系统中的作用。这种多元化的研究对象，拓宽了翻译研究的边界，为探索翻译现象的本质提供了更加立体、更加复杂的分析框架。

从研究方法来看，生态翻译学主张综合运用多学科的理论和方法（如生态学、系统论、接受美学、文化研究等）来分析和解释翻译现象。这种跨学科的研究范式，有利于打破传统翻译研究的学科藩篱，吸收和借鉴相关学科的最新成果，推动翻译研究的理论创新和方法革新。同时，生态翻译学注重实证研究，通过收集和分析翻译个案，总结翻译活动的一般规律，使理论研究更加贴近翻译实践。

此外，生态翻译学还为探讨翻译伦理提供了新的理论视角。在生态翻译学看来，翻译不仅关乎语言和文化的转换，更关乎不同主体之间的伦理关系。译者在翻译过程中，需要在忠实源语言文本、考虑读者理解能力、促进文化交流等多重诉求之间寻求平衡，这本身就蕴含着重要的伦理内涵。生态翻译学通过引入生态伦理的理念，为译者的伦理选择提供了新的参照系，有助于构建更加合理、更加完善的翻译伦理规范体系。

第二节　英语翻译的生态平衡与适应

一、英语翻译的生态平衡

（一）英语翻译生态平衡的内涵

从生态学的角度来看，翻译是一个动态平衡的过程，译者、源语言文本、译文以及翻译所处的社会文化环境共同构成了一个有机的生态系统。这个系统是否平衡与和谐，直接关系到翻译活动能否顺利进行，以及译文能否实现预期的传播效果。

在这个生态系统中，译者处于核心地位，承担着协调各要素、维持系统平衡的重任。一方面，译者要深入理解源语言文本的语言、文化内涵，准确把握作者的写作意图和文本的风格特征；另一方面，译者还要考虑目标语言读者的接受能力和欣赏习惯，选择恰当的翻译策略，产出符合目标语言言规范和文化习俗的译文。这就要求译者具备扎实的语言功底、广博的文化知识和敏锐的跨文化意识，能够在尊重源语言文本的基础上，结合目标语言读者的期待，灵活运用各种翻译技巧，实现形式和内容的统一，找到源语言和目标语言之间的平衡点。

同时，译者还要关注翻译活动所处的大环境，包括相关利益群体的诉求、社会文化背景、意识形态、价值观念等因素。这些因素往往对翻译活动产生潜移默化的影响，制约着译者的选择和判断。忽视这些因素，就可能导致译文在目标语言环境中遭到质疑和抵制，引发不必要的误读和冲突。因此，译者必须提高对翻译环境的敏感性，根据具体情况及时调整翻译方案，通过增补、删减、阐释等翻译技巧化解文化冲突，营造良性的翻译生态环境。

此外，源语言文本和译文作为连接两种语言和文化的纽带，在翻译生态系统中也发挥着重要作用。一部优秀的源语言文本，其语言独特、内容深刻、形式新颖，往往能够激发译者的灵感和创造力，生成同样出色的译文。反之，一部平庸的源语言文本，则可能束缚译者的思维，影响译文的品质。而译文的质量，又直接关系到其在目标语言环境中的传播和接受程度。一部成功的译作，不仅能够忠实再现源语言文本的内容和风格，更能引起读者的共鸣，激发新的思考和创意，丰富目标语言文化。由此可见，源语言文本、译文与译者、读者、环境等要素之间，是一种相互依存、相互促进的关系，共同构筑起翻译这一生态系统的平衡与繁荣。

（二）如何维持英语翻译教学生态平衡

维持英语翻译教学生态平衡的首要前提是正确认识和把握翻译活动的本质。翻译不仅仅是语言的转换，更是文化的交流和思维的碰撞。因此，英语翻译教学不能局限于语言知识和翻译技巧的传授，而应注重培养学生的跨文化交际能力和批判性思维能力。教师应引导学生深入分析源语言文本的文化背景、作者意图、目标语言读者等因素，同时关注译文在目标语言语境中的接受效果，帮助学生在忠实源语言文本内容的基础上，创造出符合目标语言表达习惯、易于理解和接受的译文。只有这样，才能实现翻译活动的根本目的，促进不同语言文化之间的交流和理解。

维持英语翻译教学生态平衡，需要教师在教学中坚持以学生为中心的理念。传统的英语翻译教学往往以教师为主导，学生被动接受知识，缺乏主动探索和实践的机会。这种教学模式不仅难以调动学生的学习积极性，也无法有效培养其翻译能力。因此，教师应转变教学观念，尊重学生的主体地位，创设开放、互动的学习环境，鼓励学生自主设计翻译任务，开展协作探究。在翻译过程中，教师要充分发挥引导者和协助者的作用，及时给予学生反馈和指导，帮助其发现和解决问题。通过这种以学生为中心的教学模式，不仅能够提高学生的翻译兴趣和自主学习能力，而且能促进其综合语言运用能力、跨文化交际能力、问题解决能力等核心素养的形成。

此外，维持英语翻译教学生态平衡，还要求教师合理设置教学内容，科学运用教学方法。英语翻译教学内容应具有开放性、实践性和挑战性，既要覆盖翻译的基本理论和方法，又要紧密结合学生的认知特点和实际需求，适度拓展翻译学科前沿知识。同时，教师应创新教学方法和手段，充分利用信息技术优化教学流程，提高教学效率。例如，教师可以通过建立在线翻译平台，为学生提供展示译文、互评点评的空间。又如，教师可以引入翻译项目教学，组织学生参与真实的翻译任务，在实践中强化翻译技能，积累翻译经验。

（三）英语翻译生态失衡的影响

英语翻译生态失衡不仅会影响译文质量，导致译文偏离源语言文本意图，还会对译者的职业发展和身心健康产生不利影响。从译文质量的角度来看，英语翻译生态失衡会导致译者过度关注某些因素而忽视其他同等重要的因素。例如，如果译者过于追求译文的流畅性和可读性，而忽视了对源语言文本内容的忠实传达，就可能导致译文意思失真，偏离源语言文本作者的写作意图。又如，如果译者过度强调对源语言文本形式的模仿，而没有很好地考虑目标语言的语言习惯和文化背景，就可能导致译文晦涩难懂，不利于目标语言读者的接受和理解。

从译者职业发展的角度来看，长期处于翻译生态失衡状态会影响译者的职业能力提升和职业发展前景。译者若长期专注于某一领域或某种文本类型的翻译，而缺乏广泛的知识积累和全面的能力训练，就可能陷入职业发展的瓶颈期。他们可能难以应对翻译市场需求的变化，缺乏必要的知识储备和技能，从而在职业竞争中处于不利地位。此外，翻译生态失衡还可能影响译者对翻译工作的热情和满意度，导致职业倦怠感，甚至影响职业声誉。

从译者身心健康的角度来看，翻译生态失衡可能给译者带来过重的心理压力和生理负担。译者若长期从事高强度、高压力的翻译工作，又缺乏必要的休息调节和压力释放，就容易产生焦虑、抑郁等负面情绪，甚至出现失眠、头痛等身体不适症状。同时，翻译工作的孤独性和长时间伏案工作的特点可能影响译者的人际交往和身体健康。如果译者不能很好地平衡工作与生活、维护身心健康，翻译生态失衡就可能对其产生负面影响。

此外，翻译生态失衡还可能影响整个翻译行业的健康发展。一方面，失衡的生态可能扭曲行业的供需关系和价格机制，导致恶性竞争、低价竞标等不良现象；另一方面，失衡的生态也不利于行业内部的经验交流、资源共享和人才培养，影响行业整体的创新能力和可持续发展。

二、英语翻译过程中的生态适应策略

（一）语言生态适应策略

语言生态适应旨在实现译文与目标语言生态之间的和谐共生，充分考虑目标语言读者的语言习惯、思维方式和文化背景，在不违背源语言文本内容和语言表达的基础上，对译文进行灵活处理，以增强译文的可接受性和传播力。具体而言，语言生态适应策略主要体现在词汇选择、句法结构、语篇衔接、修辞手法等方面。

在词汇选择上，译者需要充分考虑目标语言词汇的语义色彩、使用频率和搭配习惯，尽量选用读者熟悉的、地道的表达方式，避免晦涩或过于书面化的用词。同时，译者应注意词汇在不同语境中的引申义和隐喻义，恰当处理词汇的文化内涵，以准确传达源语言文本的思想感情。

句法结构是体现语言特点的重要方面。在翻译过程中，译者应根据目标语言的表达习惯，对源语言文本的句法结构进行适当调整，使译文更加符合目标语言读者的阅读期待。同时，译者需要注意句式的多样性和节奏感，避免句式单调、拖沓或过于零碎，以提高译文的可读性和美感。

语篇衔接是维系文本连贯性和逻辑性的重要手段。不同语言在语篇衔接方面存在显著差异。英语多采用显性衔接（如连接词、代词等）；汉语则多采用隐性衔接（如重复、照应等）。译者需要根据目标语言语篇衔接的特点，对源语言文本的衔接方式进行必要的调整，使译文在逻辑上更加严密、流畅。同时，译者应注意语篇的主位结构和信息分布，根据目标语言读者的阅读心理，对语篇进行合理安排，突出重点内容。

修辞手法是语言表达的重要策略，也是译者语言生态适应的重要方面。不同语言在修辞方式上存在明显差异。译者需要在充分理解源语言文本修辞特点的基础上，根据目标语言修辞方式对译文进行艺术加工，力求在情感表达、艺术效果上达到与源语言文本相近的境界。同时，译者应考虑修辞手法的文化内涵，对特定文化下的修辞方式进行创造性转换，以增强译文的文化亲和力。

值得注意的是，语言生态适应策略的运用并非对源语言文本的随意改写，而是在忠实源语言文本内容的前提下，对语言形式进行合理调整，以更好地实现跨语言、跨文化交际。这就要求译者具有较高的双语能力和跨文化意识，能够敏锐把握不同语言的特点和表达习惯，在形神兼顾的基础上，实现译文与目标语言生态的完美契合。

（二）文化生态适应策略

在英语翻译中，译者需要充分考虑文化差异对翻译过程和译文质量的影响。文化生态适应策略是译者在翻译实践中必须掌握的关键技能之一。

语言承载着文化，不同文化之间的差异往往体现在语言表达的各个方面。在英语翻译过程中，如果忽视了文化因素的影响，就容易产生误译、漏译、过度翻译等问题，导致译文偏离源语言文本的文化内涵，无法准确传递原作者的思想感情。因此，译者必须具备敏锐的文化意识，深入了解源语言和目标语言所处的文化背景，才能准确把握源语言文本的文化内涵，并在译文中做出恰当的文化迁移和重构。

具体而言，文化生态适应策略主要包括以下几个方面。

第一，译者要充分认识到不同文化在价值观念、思维方式、审美情趣等方面的差异，并在翻译过程中有意识地进行文化调适。例如，英语国家崇尚个人主义价值观，而中华文化强调集体主义精神。在翻译涉及个人与集体关系的语篇时，译者就需要在两种文化价值观之间寻求平衡，既不能完全按照英语文化的个人主义思维去理解和表达，也不能生搬硬套中华文化的集体主义观念，而是要在深入理解源语言文本的基础上，采取灵活的翻译策略，既忠实于源语言文本，又符合目标语言读者的文化期待。

第二，译者要重视语言的文化内涵，注意挖掘词汇、短语背后蕴含的文化意义，并在翻译中做出相应的处理。译者需要充分挖掘词汇的文化内涵，灵活处理，才能忠实地再现源语言文本的文化意蕴。

第三，译者要善于运用多种翻译策略，在异质文化之间架设桥梁。面对英汉两种语言文化的差异，译者可以灵活采取音译、意译、增译、省译等多种翻译方法，力求在传达源语言文本内容的同时，最大限度地保留源语言文本的文化特色。例如，在翻译英语习语时，如果采用直译的方法，往往会让译文晦涩难懂，丧失原有的表现力。这时，意译就成为更好的选择。再如，当源语言文本中出现了目标语言文化中没有对应概念的词汇时，译者可以采取增译的方法，在译文中添加必要的背景知识或文化说明，帮助读者理解。

第四，译者要提高文化自觉，培养文化自信，在翻译实践中展现文化主体性。作为源语言文化和目标语言文化之间的桥梁，译者不仅要尊重和理解异质文化，还要积极弘扬本民族优秀文化，增强文化自信心和文化认同感。在英语翻译中，译者要主动介入、参与文化对话，用译文展现中华文化的独特魅力，讲好中国故事、传播好中国声音。这就要求译者不仅要有扎实的英语语言功底，还要具备深厚的中华文化素养，能够运用中国元素和中国话语，创造出具有中国特色、中国风格、中国气派的优秀译作。

（三）译者主体生态适应策略

译者在英语翻译过程中要充分发挥主体性，积极采取生态适应策略。作为语言符号转换和文化交流的主导者，译者需要在翻译生态环境中不断调整自我，寻求与源语言文本、译文、读者之间的平衡。这种调整不是被动的顺应，而是主动的选择和创造。译者要立足于源语言文本的语言文化生态，深入领会作者的思想感情和艺术风格，同时关注目标语言的表达习惯和文化背景，力求在忠实源语言文本内容的基础上，创造出符合目标语言生态的优美译文。这就要求译者具备扎实的语言功底、广博的文化知识和敏锐的洞察力。

译者在翻译实践中要灵活运用各种适应策略。例如，面对源语言文本中的文化负载词，译者可以采取直译、意译、借译、音译等方法，或者辅以注释、增译等手段，帮助读者跨越文化障碍，准确理解源语言文本含义。又如，针对源语言文本和译文在语法、修辞等方面的差异，译者要进行必要的调整和重构，使译文符合目标语言的表达方式，同时又不失源语言文本的风貌。再如，当源语言文本出现语义模糊、逻辑混乱等问题时，译者要主动澄清语义，理顺逻辑，确保译文的准确性和连贯性。这些策略的运用都体现了译者在翻译生态中的主体作用。

译者还要注重提升自身的生态位，塑造良好的职业形象。一方面，译者要不断学习，拓宽知识面，提高语言运用能力和跨文化交际能力，以适应日益复杂的翻译生态环境。另一方面，译者要恪守职业道德，对原作者、读者和译文负责，坚持真实、准确、优雅的翻译标准，树立诚信、专业的职业形象。只有译者自身的素质和能力得到提升，其在翻译生态中的地位才能得到彰显。

三、生态视角下的英语翻译文本分析

（一）英语翻译文本的生态语境分析

生态语境作为一个复杂动态的系统，深刻影响和制约着英语翻译文本的生成过程。译者在翻译实践中，必须充分考虑目标语言环境下的语言习惯、文化传统、价值取向等因素，才能创作出符合生态位要求、富有生命力的译文。从生态视角审视英语翻译文本，需要从语言、文化、译者主体三个维度展开分析。

语言维度的生态语境主要涉及英语和汉语两种语言符号系统的差异。作为分析的切入点，语言维度强调把握英汉语言在语音、词汇、语法等方面的异同，洞察语言使用背后所蕴含的思维方式和表达习惯。例如，英语多使用形合语法，注重形式的一致性和句法的完整性；而汉语则偏向意合语法，强调语义连贯和语境依存。再如，英语善用抽象名词，凸显客观理性色彩；汉语常用具体实词，彰显主观抒情特点。译者唯有准确把握这些差异，才能在遵循目标语言规律的基础上，灵活运用词类转换、句式重组等翻译技巧，塑造出自然流畅、表意准确的译文。

文化维度的生态语境涉及英语和汉语所依托的社会文化背景差异。深层次地看，每一种语言都是特定文化的载体和表征，承载和传递着独特的价值理念、审美情趣、行为方式等。譬如，英美文化提倡直言不讳、开门见山的交际方式；而中华文化则重视含蓄委婉、温和有礼的言语策略。又如，西方哲学多采用二元对立的思辨模式，习惯于非此即彼、截然分明的概念界定；中国哲学则侧重辩证思维，强调阴阳互补、模糊多义的范畴描述。面对这些差异，译者必须跳出自我文化的局限，换位思考、移情体验，在目标语言读者的文化预期视野中重塑源语言文本的异域风情。

译者主体维度的生态语境突出强调翻译主体的能动作用和适应选择。在翻译实践中，译者从来都不是被动的“语言搬运工”，而是作为有知觉、有意识的主体，基于自身的知识结构、审美情趣和价值取向，主动进行译文创作的艺术加工。这其中既包括译者对翻译目的、对象、策略的主动选择，也包括译者在具体语篇层面对词语、句式、语体、修辞等要素的主观表现。值得注意的是，译者的主体能动性并非任意发挥，而是必须建立在对源语言文本内容、形式深刻领会的基础之上，必须服从于忠实传达源语言文本、有效沟通交流的根本目的。因此，优秀的译者既要敢于彰显个性，不囿于表面对应、字句对译的机械做法；又要善于克制自我，不过度放纵、随意发挥，避免译文变味走样、背离原意。

（二）英语翻译文本的适应性分析

适应性分析关注译文在目标语言环境中的生存和发展状况，揭示译文与目标语言社会文化语境之间的互动关系。这种分析视角突破了传统翻译研究“忠实”与“顺畅”的二元对立，强调翻译活动各要素之间的动态平衡与和谐共生。

从适应性的角度审视英语翻译文本，需要考察译文在语言、文化、交际等方面对目标语言环境的顺应程度。在语言层面，译文应遵循目标语言的语法、用语规范，符合语言表达的习惯和惯例。同时，译文需在语篇层面实现衔接与连贯，使译文在形式和内容上成为有机的整体。只有在语言形式上适应了目标语言环境，译文才能被目标语言读者自然地接受和理解。

在文化层面，译者需要充分考虑两种语言文化的特点和差异，采取恰当的翻译策略，化解潜在的文化冲突。这就要求译者深入了解英语和汉语所承载的文化内涵，对双语文化有着敏锐的洞察力。译者应根据不同文本类型和翻译目的，灵活选择异化或归化的处理方式，在传递源语言文本文化内涵的同时，要照顾目标语言读者的接受心理和欣赏习惯。唯有在文化意义的传递和再创造中实现动态平衡，译文才能真正融入目标语言文化语境之中。

在交际层面，译者应将译文视为跨文化交际活动的组成部分，关注译文在特定语境中的交际功能和效果。不同类型的文本承载着不同的交际目的（如信息传递、美感再现、说服号召等）。译者需要充分考虑源语言文本的交际意图和目标语言读者的期待视野，巧妙地协调双方在信息、情感、审美等方面的需求。只有实现了译文与目标语言读者在交际意义上的互动与协调，才能真正完成翻译的使命。

此外，英语翻译文本的适应性还体现在对目标语言语境变化的动态顺应。随着时代的发展和社会的进步，英语目标语言环境也在不断发生变化。译者应密切关注目标语言语境的动向，及时调整翻译策略，使译文能够与时俱进，永葆生命力。这就要求译者具有开阔的视野和前瞻性的意识，能够准确把握目标语言环境的发展趋势，不断更新自己的知识结构和翻译理念。唯有与时偕行，与目标语言文化语境同呼吸共命运，译文才能真正实现可持续发展。

（三）英语翻译文本的生态翻译策略

在翻译过程中，从生态学的视角出发，充分考虑译文与目标语言环境之间的互动关系，努力实现译文适应目标语言的生态环境。这种翻译策略强调译者要从整体上把握源语言文本的意义，深入分析源语言文本所蕴含的文化内涵，同时充分考虑目标语言读者的阅读期待和接受能力，在忠实传达源语言文本信息的基础上，灵活运用各种翻译技巧，创造出符合目标语言表达习惯、易于为读者接受的译文。

生态翻译策略的核心是实现译文与目标语言环境的协调统一。译者不能机械地对源语言文本进行字面转换，而应该根据目标语言的语言特点和文化传统，对源语言文本的内容进行适度调整和重构。例如，在翻译含有丰富文化隐喻的语句时，译者需要寻找目标语言中与之对应的表达方式，而不是生硬地进行直译。又如，在处理源语言文本中的文化专有项时，译者可以采取异化或者归化的处理策略，或者采用意译、补充等方法，力求在传达源语言文本信息的同时，使译文更加符合目标语言读者的阅读习惯。

生态翻译策略还要求译者具备跨文化交际的意识和能力。作为源语言文本与译文之间的纽带，译者要充分发挥主体性作用，积极参与到跨文化交流的过程中。这就要求译者不仅要精通源语言和目标语言，还要深入了解两种语言所承载的文化传统、价值观念、思维方式等。只有具备了扎实的语言文化功底，译者才能准确把握源语言文本的深层意蕴，并在翻译过程中恰当地进行文化转换和创造性表达，实现译文与源语言文本在文化层面上的对等。

此外，生态翻译策略还强调译文对目标语言发展的推动作用。优秀的译文不仅能够丰富目标语言的表现力，还能为目标语言注入新的文化元素，促进目标语言在与外来文化交流中不断发展、完善。因此，译者在翻译过程中要秉持开放包容的态度，在吸收借鉴外来文化精华的同时，要注重发挥译文的创造性功能，为目标语言文化的发展贡献自己的力量。

生态翻译是一种立足于生态整体主义的翻译观，它强调译文要与目标语言环境和谐共生，重视译者的主体性作用和创造性表现，致力于实现译文对源语言文本的文化对等和审美再现。在英语翻译实践中，译者应该树立生态翻译意识，灵活运用各种翻译策略，不断提升跨文化交际能力，努力创造出兼具信、达、雅的优秀译文，为促进中外文化交流、推动人类文明进步贡献自己的力量。

四、英语翻译过程中的生态动态调节

（一）英语翻译过程中的正向调节

英语翻译过程中的正向调节是实现译文与源语言文本、译者与读者之间动态平衡的关键。它要求译者在翻译过程中，根据源语言文本的语义、语用特点和译文的表达习惯，对译文进行主动调整和优化，以达到忠实源语言文本、贴近读者的目的。这种调节不是对源语言文本的简单模仿，而是译者主体性的彰显，体现了译者对翻译活动的深刻理解和把控。

从语言的角度来看，正向调节主要体现在词汇、句法、语篇等层面。在词汇选择上，译者需要根据上下文语境，选取恰当的词汇来表达源语言文本的意思。这不仅需要译者具备扎实的双语知识，还需要对不同文化背景下词汇的内涵和外延有敏锐的洞察力。同时，译者应注重词汇的搭配和韵律，使译文更加流畅自然。在句法结构上，英语和汉语存在较大差异。英语多采用从属复合句，语法形式严谨；而汉语则偏向意合，讲求句式灵活多变。因此，在翻译过程中，译者需要打破源语言文本句式的束缚，根据汉语表达习惯对句子成分进行适当调整，使译文符合目标语言的表达方式。在语篇层面，正向调节要求译者把握源语言文本的逻辑结构和衔接手段，在译文中采用适当的衔接方式，增强语篇的连贯性和一致性。

从文化的角度来看，正向调节是译者对异质文化的主动介入和融合。任何一部作品都深深嵌入其所产生的文化语境之中，蕴含着丰富的文化信息。在翻译过程中，译者需要充分考虑源语言文本所承载的文化内涵（如价值观念、思维方式、审美情趣等），并在译文中采取恰当的翻译策略，使之得以有效传达。这要求译者不仅要有渊博的文化知识，还要有跨文化交际能力和意识。译者要在尊重源语言文本文化的基础上，找到与目标语言文化的契合点，在形式和内容上做出灵活调整，使译文为目标语言读者所接受。同时，译者应主动介入文化的传播和交流，在译文中添加必要的注释，为读者提供理解异质文化的钥匙。

从译者主体性的角度来看，正向调节彰显了译者在翻译过程中的能动作用。传统的翻译观认为译者是对源语言文本的直接翻译，强调对源语言文本的绝对忠实。然而，翻译从来都不是源语言文本的简单复制，而是译者主体性与创造性的体现。正向调节要求译者发挥自身的智慧和才情，在忠实源语言文本内容的基础上，结合目标语言的表达习惯和读者的接受能力，对译文进行创造性的加工。这种加工不是对源语言文本的背离，而是在更高层次上对源语言文本精神的传达。译者需要在翻译过程中时刻保持清醒的头脑，根据具体情况灵活调整翻译策略，权衡利弊，做出最优选择。正是译者主体性的介入，使得译文成为一部独立的艺术作品，焕发出新的生命力。

（二）英语翻译过程中的负向调节

英语翻译过程中的负向调节是指译者在翻译实践中遇到障碍或困难时，采取不恰当的应对策略而导致译文质量下降的现象。这种负向调节通常源于译者自身能力的欠缺、对源语言文本理解的偏差或对译文功能把握不当等因素。当译者无法有效克服翻译过程中的障碍，或采取不恰当的应对方式时，就会产生负向调节效应，影响译文的准确性、流畅性和可接受性。

具体而言，英语翻译过程中常见的负向调节表现有以下几种：一是直译策略的过度使用。受源语言文本结构和表达方式的影响，部分译者在遇到翻译困难时往往采取逐字逐句的直译方式，机械地对应源语言文本语言形式，而忽视了英语和汉语在语法、语用和修辞等方面的差异，导致译文生涩难懂、表达不自然。二是简化策略的不当运用。面对源语言文本中复杂的句型结构、专业术语或文化负载词时，一些译者为求简便，采取简化手法，随意删减源语言文本信息，或用浅显的表达代替专业的表述，导致译文内容不全、文体不当、风格不一致等问题。三是回避策略的消极应用。当遇到难以处理的翻译问题时，部分译者缺乏积极应对的意识和能力，选择回避困难，绕过障碍，采取模糊笼统的表达方式，造成译文信息传递不清晰、言语交际功能弱化的后果。

造成英语翻译过程负向调节的因素是多方面的。首先，译者自身的语言能力和翻译技能是影响翻译过程调节效果的关键因素。译者对英语和汉语的精通程度，以及对语际转换规律的把握能力，直接决定了其驾驭源语言文本、重构译文的水平。语言基础薄弱、翻译经验不足的译者在遇到复杂题材、专业领域的翻译任务时，往往难以做出恰当的判断和选择，容易产生负向调节。其次，译者对源语言文本理解的偏差也是导致翻译过程负向调节的重要诱因。受制于知识背景、文化视角等因素的影响，译者对源语言文本的理解有时会出现片面性或错误性，进而影响译文表述的准确性与得当性。最后，译者对翻译任务的态度和职业道德操守也是影响翻译过程调节的现实因素。倘若译者缺乏严谨负责的态度，满足于应付了事，在翻译过程中不能尽心尽力、精益求精，负向调节现象也就在所难免。

针对英语翻译过程中的负向调节问题，译者要从提升自身专业素养和加强过程监控两个方面着手。一方面，译者要不断强化自身的双语功底和跨文化交际意识，拓宽知识视野，增强语感，做好翻译任务的准备工作。通过有针对性地学习和实践，深入研究英语和汉语的异同，掌握语言的发展变化规律，提高翻译技能。另一方面，译者在实际的翻译过程中，要时刻保持警惕，对自己的翻译行为进行监控评估，力求实现翻译过程的最优调节。对源语言文本进行透彻地理解和分析，运用恰当的翻译策略，在忠实源语言文本内容的基础上，着力提升译文的表达效果。遇到疑难问题时，要冷静分析，果断处理，通过查阅资料、咨询他人等方式积极寻求解决之道。译者还要树立严谨的职业操守，端正翻译态度，以高度负责的精神投入翻译实践，不断追求卓越。

（三）英语翻译过程中的动态平衡

英语翻译过程中的动态平衡是指译者在翻译过程中，根据具体的翻译情境，灵活调节翻译策略，在忠实源语言文本内容和考虑译文接受程度之间寻求平衡。这是一个不断调整、不断优化的过程，需要译者综合考虑源语言文本语言、目标语言、读者期待、文化差异等多重因素，进行动态的平衡和协调。

从生态翻译学的视角来看，翻译活动是译者、源语言文本、译文、读者等多个主体在特定环境中相互作用、共同演化的复杂系统。在这个系统中，任何一个要素的变化都会引起其他要素的连锁反应，进而影响翻译的整体效果。因此，译者需要通过动态平衡，不断调节翻译生态系统的稳定状态，使之达到一种动态的均衡。

具体而言，英语翻译过程中的动态平衡主要体现在以下几个方面。

首先，译者需要在传达源语言文本信息和考虑目标语言读者接受程度之间寻求平衡。一方面，译者要尽可能准确、完整地传递源语言文本的内容和风格，做到信、达、雅；另一方面，译者又要考虑目标语言读者的阅读习惯和审美期待，使译文符合目标语言的表达习惯，易于读者理解和接受。这就要求译者在翻译过程中灵活处理，根据不同的语境采取不同的翻译策略，在“忠实”与“创造”之间找到恰当的平衡点。

其次，译者需要在彰显异域文化和迎合本土文化之间寻求平衡。语言与文化密不可分，英语源语言文本中往往蕴含着丰富的文化内涵。在翻译过程中，译者一方面要尽量保留源语言文本的异域文化特色，让读者感受不同文化的魅力；另一方面又要避免因文化差异过大而导致译文难以理解，影响译文的传播效果。这就需要译者审时度势，因地制宜，在异化和归化两种翻译策略之间灵活选择，在展现异域文化与迎合目标语言文化之间寻求动态平衡。

再次，译者需要在个人风格和原作风格之间寻求平衡。每名译者都有自己独特的语言风格和艺术个性，这种个人风格难免会在翻译作品中有所体现。然而，过分张扬译者个性，有悖翻译“忠实源语言文本”的基本要求。译者需要尊重原作者的创作个性，在翻译过程中适当收敛自我，力求在个人风格与原作风格之间达成和谐统一。当然，这种统一并非要完全压制译者个性，而是要在不违背原作本意的前提下，适度融入译者的语言特色和艺术追求。

最后，译者还需要在翻译理论指导与翻译实践经验之间寻求平衡。翻译理论是翻译实践的指导，有助于译者系统地认识翻译的本质和规律，提高翻译的自觉性和科学性。然而，面对纷繁复杂的翻译实践，仅凭理论指导是远远不够的。译者还需要在实践中不断积累经验，在具体的语境中灵活处理各种翻译难题。理论与实践的结合，才能使译者在翻译过程中游刃有余，从容应对各种挑战。

第三节 生态视角下的英语翻译策略

一、尊重和传达源语言文本中的生态信息

（一）源语言文本生态信息分析

在翻译实践中，译者需要深入解读源语言文本，挖掘其中蕴含的生态信息，为后续的翻译决策提供依据。这种生态信息包括源语言文本所反映的自然环境、社会文化、作者思想等多个层面，体现了源语言文本创作的时代背景和语境特点。

具体来说，译者首先需要分析源语言文本所描绘的自然生态环境。不同地域的自然环境（包括地理位置、气候条件、动植物种类等）千差万别。这些因素都深刻影响着当地人的生活方式和思维模式，并在语言中留下印记。例如，生活在沙漠地区的民族，其语言中往往有大量表示沙丘、绿洲等地貌的词汇。又如，热带雨林地区的土著语言通常对动植物的命名十分详尽。译者唯有充分了解源语言文本的生态语境，才能在目标语言中找到恰如其分的对等表达，传达源语言文本的生态韵味。

其次，译者需要分析源语言文本所反映的社会文化生态。每个民族都有自己独特的历史传统、风俗习惯、价值观念和审美情趣，构成了特定的文化生态系统。这种文化差异必然体现在其语言的各个方面（如词汇、语法、修辞、语篇结构等）。译者要想全面把握源语言文本的文化内涵，就必须对源语言民族的文化有深入的了解，包括其文学传统、宗教信仰、伦理道德等。唯有如此，译者才能透过语言表象，洞察文化精髓，在翻译中恰当地再现源语言文本的文化生态。

再次，译者还需要分析源语言文本所体现的作者生态意识。每名作者都不可能脱离他身处的时代，其创作必然打上时代的烙印。作者的世界观、人生观和价值观等主体因素深刻影响着作品的内容和风格。同时，不同时期的主流生态意识也会对作者产生潜移默化的影响。译者必须立足作者的主体性，分析其独特的生态体验和表达方式。只有这样，译者才能在翻译中准确把握作者的创作意图，传达其生态理念和情怀。

此外，源语言文本生态信息的分析还包括对语言生态的考察。语言是人类赖以生存和发展的重要资源，同时是人类改造自然、认识世界的重要工具。不同语言之间存在着错综复杂的关系，相互影响、相互渗透，形成了多样而又统一的语言生态系统。译者需要系统研究源语言文本语言的发展脉络、使用现状和未来走向等，从动态、发展的视角审视语言现象。这有助于译者顺应语言发展趋势，创造性地开掘语言资源，使译文更加贴近时代脉搏。

（二）目标语言生态环境考量

目标语言生态环境是指译文所要传播和发挥作用的社会文化语境，它涵盖了目标语言读者群体的文化背景、思维方式、审美情趣、语言习惯等多方面因素。翻译工作者只有深入分析目标语言生态环境的特点，才能在翻译实践中做出恰当的选择和策略调整，最大限度地适应译文的传播环境，实现与读者的有效沟通。

目标语言生态环境对翻译策略的选择具有重要影响。在文化层面，不同语言背后往往隐藏着迥异的价值观念、思维模式和行为准则。忽视这些文化差异，盲目照搬源语言文本，很可能造成译文在目标语言环境中的“水土不服”，引起读者的不适和抵触。因此，译者需要灵活地使用增译、减译、改译等翻译手法，调整源语言文本内容，使之符合目标语言文化的期待视野。例如，在翻译饮食文化相关的文本时，可以适当增加有关食材、烹饪方法的背景性说明，帮助目标语言读者理解异域美食的独特魅力。

在语言层面，目标语言生态环境也对译文提出了更高要求。一方面，译者需要遵循目标语言的语法规则、修辞习惯，运用地道、优美的表达方式，使译文读起来朗朗上口，没有生涩拗口之感。同时，译者要注意目标语言读者的接受能力和欣赏水平，在词汇选用、句式安排上有所侧重。譬如，在翻译科普读物时，可以适度简化专业术语，使用通俗易懂的日常语言，拉近与读者的距离。而在翻译文学作品时，则要力求再现源语言文本的语言风格和艺术特色，给予目标语言读者相似的审美体验。

此外，目标语言生态环境还涉及文本的传播载体和阅读方式等因素。在数字化时代，越来越多的读者习惯于通过电子设备阅读信息。因此，译者在翻译过程中也要考虑到数字阅读的特点（如页面布局、段落长度、超链接设置等），力求实现译文在不同载体中的最佳呈现效果。同时，随着跨文化交际的日益频繁，部分读者对异域文化产生了浓厚兴趣。译者可以适当保留源语言文本中的文化负载词，并附加简明的注释说明，既满足了读者的好奇心，又开阔了他们的文化视野。

（三）生态等效翻译策略

生态等效翻译是一种注重传递源语言文本生态信息、契合目标语言读者语言习惯的翻译方法。它着眼于源语言文本蕴含的自然环境、人文景观、风俗习惯等多维度生态信息，力求在翻译过程中最大限度地保留这些信息，使目标语言读者能够全面、真实地感知源语言文本所反映的生态语境。同时，这一策略十分重视译文在目标语言环境中的接受程度，注重对译文语言风格、表达方式等进行必要调整，以贴合目标语言读者群体的阅读习惯和审美情趣。

在实践中，生态等效翻译策略的运用需要译者深入分析源语言文本的内容和形式，准确把握其中蕴含的多重生态信息。这不仅包括明示于文本表层的自然环境描写，也包括隐藏于字里行间的文化蕴涵、价值观念等。译者要以敏锐的洞察力和缜密的逻辑思维，去发掘并梳理源语言文本的生态语境，进而在译文中予以充分体现。

当然，生态等效翻译绝非简单的直译，更不是对源语言文本的机械复制。译者在忠实传达源语言文本信息的同时，需要兼顾译文语言的表达效果。这就要求译者在语言转换过程中灵活处理，对源语言文本的语言形式进行适度调整，使之符合目标语言的表达习惯。譬如，在英汉互译时，译者需要考虑两种语言在语法结构、修辞手法等方面的差异，适当增删、调序，以求达到译文语言的流畅自然。

生态等效翻译策略不仅有助于提升译文的生态翻译质量，而且能增强译文在跨文化交际中的功能性。通过全面、真实地再现源语言文本的生态信息，译文能够帮助读者深入了解异域文化，拓宽全球视野。同时，译文语言的贴近性和亲和力有利于吸引更多读者，为原作赢得更为广阔的传播空间。

在全球化的时代语境下，生态等效翻译策略对于推动优秀作品的海外传播、加强民族文化的国际影响力具有重要意义。译者作为沟通中外文化的桥梁，应该积极践行这一策略，在不同语言之间架设起传递知识、交流思想的桥梁。这不仅是对翻译事业发展的内在要求，而且是服务于构建人类命运共同体的使命和担当。只有立足本土、放眼世界，以生态等效翻译推动优秀作品“走出去”，才能不断提升中国文化软实力，为人类文明进步贡献智慧和力量。

二、贴近目标语言读者的阅读习惯和兴趣爱好

（一）梳理读者的文化背景

不同文化背景的读者在语言习惯、思维方式、价值观念等方面存在差异，这些差异会影响其对译文的理解和欣赏。因此，在进行英语翻译时，译者必须充分考虑目标语言读者的文化背景，采取相应的翻译策略，才能产出符合读者期待的优质译文。

深入分析目标语言读者的文化背景，对译者选择恰当的翻译方法至关重要。译者需要全面了解读者的民族文化、历史传统、社会习俗、宗教信仰等，揣摩其思维习惯和审美情趣。只有对读者的文化背景有了深刻认知，译者才能站在读者的角度思考问题，预测其可能出现的理解障碍和接受难点，进而采取有针对性的翻译策略。例如，在翻译文学作品时，译者要考虑不同文化背景下读者的审美趣味和欣赏习惯，对源语言文本的意象、修辞等进行适当调整，以更好地触及读者的情感共鸣。又如，在翻译科技文献时，译者要注意不同文化背景下读者的专业知识储备和接受能力，酌情对专业术语进行解释或注释，确保译文的准确性和可读性。

此外，译者还应充分尊重目标语言读者的文化传统和价值观念。不同文化背景的读者在道德伦理、价值取向、审美情趣等方面可能存在显著差异。译者要对这些差异保持敏感和谨慎，避免在译文中出现有悖读者文化传统或价值观念的内容，以免引起读者的不适或反感。同时，译者要注重对源语言文本中蕴含的异域文化元素的传达，增进不同文化背景读者之间的理解和沟通。通过巧妙的翻译处理，译者可以在译文中适度保留异域文化特色，引导读者跨越文化藩篱，感受不同文化的魅力，达到文化交流的目的。

（二）调整译文的语言风格

译者需要根据目标语言读者的文化背景、阅读习惯、审美情趣等因素，有

意识地调整译文的语言风格，以拉近译文与读者之间的距离。这种调整并非对源语言文本风格的机械复制，而是在忠实传达源语言文本内容的基础上，融入译者的创造性诠释，使译文更加贴近目标语言读者的阅读期待。

从语言的形式层面来看，译者可以在词汇选择、句式结构、修辞方式等方面对译文进行调整。例如，在词汇选择上，译者应尽量使用目标语言读者熟悉的词语，避免晦涩生僻的表达；在句式结构上，译者可以根据目标语言的表达习惯，适当调整源语言文本的语序、长短等；在修辞方式上，译者可以灵活运用目标语言中常见的比喻、排比、对偶等手法，增强译文的文学性和感染力。这些调整虽然细微，但却能够拉近译文与读者之间的心理距离，提升阅读的愉悦感。

从内容的把握层面来看，译者需要深入分析目标语言读者的兴趣爱好、知识结构、价值取向等，有针对性地突出译文的重点内容。例如，当源语言文本涉及目标语言读者较为陌生的文化现象时，译者可以适当增加背景知识的介绍，帮助读者理解源语言文本的深层内涵；当源语言文本涉及目标语言读者普遍关注的热点话题时，译者可以适当强化相关内容的表达，激发读者的阅读兴趣。这种内容上的调整需要建立在对源语言文本全面理解的基础之上，既不能曲解原意，又要体现出译者的创造性诠释。

需要指出的是，译文语言风格的调整并非一蹴而就，而是需要在翻译实践中不断摸索、完善的。译者需要广泛阅读优秀译作，借鉴前人的成功经验；同时，要虚心听取读者的反馈意见，及时调整翻译策略。只有坚持不懈地学习和实践，才能真正掌握语言风格调整的要领，达到贴近目标语言读者、提升译文品质的目的。

（三）增添读者感兴趣的内容

在英语翻译实践中，如何贴近目标语言读者的阅读习惯和兴趣爱好，始终是一个值得深入探讨的话题。毋庸置疑，译者只有深入了解目标语言读者的文化背景、思维方式和审美情趣，才能真正实现译文的跨文化交际功能。这就要求译者不仅要精通源语言和目标语言，还要具备广博的文化知识和敏锐的洞察力。

要贴近目标语言读者的阅读习惯，译者首先需要对目标语言文化有一个全面而深入的了解。每个民族都有自己独特的历史传统、价值观念和行为方式，这些因素无不影响着人们的阅读习惯和审美情趣。译者只有充分理解这些文化因素，才能在翻译过程中做出恰当的选择，使译文更加符合目标语言读者的期待。例如，在翻译文学作品时，译者需要考虑目标语言读者对人物形象、情节发展、修辞手法等方面的偏好，适当调整源语言文本的表达方式，以更好地顺应读者的阅读习惯。

与此同时，译者应该关注目标语言读者的兴趣爱好，适当增添一些读者感兴趣的内容。这并不意味着对源语言文本内容的随意改编，而是在忠实传达源语言文本精髓的基础上，通过一些巧妙的处理，使译文更加吸引读者。例如，在翻译科普作品时，译者可以适当增加一些与主题相关的背景知识，或者穿插一些生动有趣的案例，以激发读者的阅读兴趣。又如，在翻译新闻报道时，译者可以添加一些有助于读者理解事件背景的信息，使报道内容更加丰富、立体。

当然，贴近目标语言读者的阅读习惯和兴趣爱好并不意味着对源语言文本的背离或者对翻译质量的降低。相反，它要求译者在忠实源语言文本的基础上，更加注重译文的可读性和吸引力。这就需要译者具备扎实的语言功底和娴熟的翻译技巧，能够在传达源语言文本内容的同时，用优美流畅的语言打动读者。只有这样，才能真正实现翻译的沟通功能，促进不同文化之间的交流和理解。

此外，译者还应该关注目标语言读者群体的差异性，采取有针对性的翻译策略。不同年龄、性别、职业、教育背景的读者，其阅读习惯和兴趣爱好往往存在较大差异。译者需要根据具体的翻译任务和目标语言读者群体，灵活调整翻译方法和语言风格。例如，在翻译儿童文学作品时，译者需要使用简单易懂的语言，并适当增添一些富有童趣的表达；在翻译专业文献时，译者则需要严格遵循学科规范，准确传达专业术语和概念。只有充分考虑读者群体的特点，才能使译文更加贴近读者，发挥应有的交流作用。

三、技术辅助与人工审校结合

随着人工智能技术的快速发展，机器翻译已经能够处理海量的文本信息，极大地提高了翻译效率。然而，由于语言的复杂性和多样性，机器翻译仍然存在一定局限性，难以完全取代人工翻译。因此，将机器翻译与人工校对有机结合，发挥两者的互补优势，已经成为提升翻译质量和效率的必然选择。

从效率角度来看，机器翻译能够在短时间内完成大量文本的初步翻译，为人工校对提供基础。特别是对于一些语法结构相对简单、专业术语较少的文本，机器翻译的质量已经接近甚至超过人工翻译。利用机器翻译进行初译，再由专业译者进行校对和润色，能够显著提高翻译速度，缩短项目周期。这种模式尤其适用于时间紧、任务重的大型翻译项目，如产品说明书、技术文档等。

从质量角度来看，人工校对是保证译文准确、得体的关键环节。尽管机器翻译在词汇选择、语法结构等方面已经取得长足进步，但在理解语言的隐含意义、把握文化差异、传递情感色彩等方面仍然难以企及专业译者。通过人工校对，译者可以根据上下文语境对译文进行调整和优化，确保译文忠实源语言文本、行文流畅、用词恰当。同时，译者可以根据目标语言读者的特点和需求，对译文的风格和语言进行调整，提高译文的可读性和交际效果。

从成本角度来看，机器翻译与人工校对的结合能够在保证质量的前提下降低翻译成本。全面采用人工翻译虽然能够获得高质量的译文，但人力和时间成本较高，难以满足日益增长的翻译需求。而单纯依赖机器翻译虽然成本低廉，但质量难以保证，存在误译、生硬、不通顺等问题。将两者结合，则能够在控制成本的同时兼顾翻译质量，实现翻译效益的最大化。

需要指出的是，机器翻译与人工校对的有机结合还有赖于译者与技术人员的密切协作。一方面，译者要主动学习和运用机器翻译技术，了解其优势和局限，合理安排人机协作的工作流程。另一方面，技术人员要积极听取译者的反馈和建议，不断优化和升级机器翻译系统，提高其对语言和文化细微差异的识别能力。只有二者携手并进，才能真正实现机器翻译与人工校对的无缝对接和深度融合。

参考文献

[1] 邓宝霞. 基于功能翻译理论的英汉翻译研究 [M]. 长春：吉林人民出版社，2022.

[2] 张丽莉. 英语翻译理论研究与实践 [M]. 长春：吉林人民出版社，2020.

[3] 林晓莉，于玲，刘春静. 英语翻译多维视角新探研究 [M]. 长春：吉林人民出版社，2021.

[4] 王珍珠. 功能翻译理论下的英语翻译研究 [M]. 长春：吉林人民出版社，2020.

[5] 龚金霞，刘海林，韩淑俊. 当代英语翻译基本问题研究及多维透视 [M]. 北京：中国书籍出版社，2020.

[6] 刘惠玲，赵山，赵翊华. 跨文化英语翻译的理论与实践应用研究 [M]. 延吉：延边大学出版社，2021.

[7] 张丹. 多维视角中西文化与翻译对比研究 [M]. 北京：北京工业大学出版社，2018.

[8] 王增光，唐艳，武丽红. 英语翻译理论与实践研究 [M]. 延吉：延边大学出版社，2023.

[9] 薄利娜，杨甜甜. 当代英语翻译理论的多维度思考与探究 [M]. 太原：山西经济出版社，2020.

[10] 冯爱琴. 英语语言学与英语翻译理论研究 [M]. 长春：吉林出版集团股份有限公司，2022.

[11] 魏婉. 生态翻译视角下文学翻译教学研究 [M]. 长春：吉林人民出版社，2020.

[12] 董娌楠，杜丽芳，王慧. 英语翻译理论研究 [M]. 哈尔滨：北方文艺出版社，2022.

[13] 李志慧. 基于生态学的英语翻译多维实践 [M]. 天津：天津科学技术出版社，2023.

[14] 周金龙. 英语翻译理论与实践的多维视角研究 [M]. 北京：九州出版社，2020.

[15] 齐真珍. 当代商务英语语言与翻译多维视角新探 [M]. 长春：吉林大学出版社，2022.